6,- €

Liese Hoefer · Zu jeder Stunde

Liese Hoefer

Zu jeder Stunde

Begleitung durch Nacht und Tag

Herausgegeben
von der
Westfälischen Diakonissenanstalt
Sarepta

Kreuz Verlag

CIP-Kurztitelaufnahme der Deutschen Bibliothek

Hoefer, Liese:
Zu jeder Stunde: Begleitung durch Nacht u. Tag /
Liese Hoefer. Hrsg. von d. Westfäl. Diakonissenanst. Sarepta.
– 1. Aufl., (1.–12. Tsd.). –
Stuttgart: Kreuz Verlag, 1983.
ISBN 3-7831-0714-8

1. Auflage (1.–12. Tausend)
© Kreuz Verlag, Stuttgart 1983
Gestaltung: Hans Hug
Einbandfoto: Hartmut Noeller
Satz und Druck: Süddeutsche Verlagsanstalt, Ludwigsburg
Buchbinderische Verarbeitung: F. Spiegel, Ulm .
ISBN 3 7831 0714 8

Inhalt

Vorwort

Wenn wir mit offenen Augen leben,
sind wir betroffen von den Fragen unserer Zeit:
Wie können wir heute unseren Alltag bewältigen,
Zuversicht und Hoffnung gewinnen?
Wie können wir den Alltag verantwortlicher,
freundlicher, »anders« leben?
Wir ahnen, neue Kräfte werden uns zuwachsen,
wenn wir uns nicht vom Täglichen treiben lassen,
wenn wir bewußter leben.
Dazu brauchen wir Augenblicke der Besinnung
mitten im Alltag, Momente, die den Tag gliedern,
um uns selbst und unser inneres Gleichgewicht
immer neu zu finden.

Dabei entdecken wir Wurzeln, die unser Leben tragen,
Quellen des Lebenssinnes:
Unser kreatürliches Leben wurzelt
in den Ordnungen des Schöpfungsganzen,
auch in den natürlichen Rhythmen wie Nacht und Tag.
Wo wir nach Sinn fragen,
begegnen wir der Lebenserfahrung
früherer Generationen,
erkennen wir, wie die großen Umbrüche unserer Welt
uns den Fragen und Antworten nahe bringen,
die der Mensch in Krisenzeiten
immer wieder erfahren hat.

Aus solchem Bemühen,
Hilfen für unser Leben im Alltag heute zu finden,
ist dieses Buch gewachsen.
Unsere Schwester, Diakonisse Liese Hoefer,
hat sich dieser besonderen Aufgabe gestellt
und die folgenden Besinnungen geschrieben.
Auch auf diese Weise möchten wir versuchen,
als eine evangelische Schwesternschaft
dem diakonischen Auftrag Christi zu entsprechen:
»Einer trage des anderen Last!«

Viele Menschen begegnen unseren Schwestern täglich
in Krankenhäusern, Gemeinden, in Pflege- u. Altersheimen,
in Kindergärten, -heimen, Schulen, Erholungshäusern,
in unserem Einkehrhaus, dem »Haus der Stille«.
Dabei hören wir, wie Menschen von heute,
Ältere und Junge, neu nach Sinngebung
für ihr Leben fragen.
Sie fragen auch nach dem Grund
unseres Glaubens und Dienstes, nach Wegen,
um Kräfte des Glaubens für den Alltag wieder zu finden.
Angesichts all dieser brennenden Fragen erkennen wir:
Wir alle sind Suchende auf einem Weg.
Wir alle sind Betroffene von den Fragen unserer Zeit.
Wir müssen uns aufmachen, um Antworten zu finden.
Auf dieser Suche möchte dieses Buch uns
alle begleiten, das ist unser Wunsch.

Im Namen der Diakonissenschwesternschaft Sarepta
DIAKONISSE BARBARA VON RICHTHOFEN
PASTOR WOLFGANG FINGER

Einführung

Zu jeder Stunde – Ein Lesebuch

Durch jede Stunde der Nacht und des Tages möchte dieses »Stundenbuch« uns begleiten, indem wir es Seite für Seite aufschlagen und den Gedanken, den Bildern nachsinnen.

Es möchte zur Hand sein, wann und wo wir einen Augenblick des Atemholens finden, um über unseren Alltag nachzudenken, um zur Ruhe zu kommen, um Kraft und Zuversicht zu gewinnen.

Einmal wird uns ein modernes Gedicht, eine Geschichte, eine Betrachtung ansprechen; ein andermal wird Aktualität und Weisheit eines Väterwortes uns Hilfe im Heute bringen.

Die Bilder, die die einzelnen Stunden verbinden, können zu Augenblicken der Stille, des Horchens helfen, in denen der Einzelne bei sich selbst verweilt, nach seinem Weg durch den Alltag sucht.

In solchen Momenten können wir wieder offener werden für verborgene Kräfte, die uns durchströmen, für den Halt im Unsichtbaren, der unser Leben trägt.

Dieses Stundenbuch möchte dazu ermutigen, mit der eigenen täglichen Umwelt, mit den Stunden des Tages und der Nacht, in denen wir jetzt leben, neu ins Gespräch zu kommen, in ihnen geheime Schätze zu entdecken.

So können uns Tag und Nacht zu Freunden werden, kann unser Alltag farbiger und erfüllter sein und von uns verantwortlicher gelebt werden.

Denn: Heute lebe ich, in den Stunden dieses Tages, dieser Nacht lebe ich! Es ist meine Zeit, die mir anvertraut wurde.

Ein Stundenbuch – Das Bild vom Pendel

Den Leitgedanken des Buches verdeutlicht das Bild auf dem Einband. Die Messingscheibe einer Pendeluhr spiegelt Licht. Sie leuchtet mehrfach golden auf dunklem Hintergrund auf. Was wir im Zeitablauf als reine Bewegung erfahren, wird in einzelnen Momenten dargestellt: Zeitenstrom, das sind Augenblicke und Stunden. Gleichzeitig scheint es, als könnten wir das leise Ticken der Uhr, den schönen Klang des vollen Stundenschlags hören. Was sagt das Bild?

Das vielfache Aufleuchten der einen Scheibe zeigt lebendige Bewegung im Auf und Ab. Jedes Hin, jedes Her führt durch Tiefen, die zugleich Mitte der Schwingung sind, und zu Höhen, die den Umschlag bewirken. Nur so kann das Pendel seine Bestimmung erfüllen: Leben ist Bewegung.

Die Bewegung der Zeit aber setzt sich zusammen aus einzelnen Augenblicken. Lebenskunst ist es, sich nicht atemlos vom Zeitenstrom mitreißen zu lassen. Lebenskunst öffnet sich dem alten Zwölfer-Rhythmus, der Tag und Nacht gliedert. Sie findet mitten darin Augenblicke inneren Gleichgewichts, horcht gleichsam auf den Klang der Stunde. Denn der Tag wird kostbar, dessen Stunden ihren eigenen Glanz wiedergewinnen.

Erkenne ich, daß das warme Gold, das die Stunden in sich bergen, den dunklen Hintergrund meines Lebens erhellen, so gewinnt die Schwärze einen warmen, braungrünen Schimmer. So wird sie dem Humus der Erde ähnlich – Alltag kann fruchtbar werden.

Der braune Holzstab, der die Scheibe trägt, weist auf einen unsichtbaren Halt, in dem die Schwingung verankert ist: Ruhe, die Bewegung, die Leben ermöglicht. Gibt es das für mich?

Dieses Buch möchte auf den eigenen Klang jeder Stunde aufmerksam machen: Horch auf den Glockenschlag!

Abend und Morgen, ein Tag – Kräfte, die uns durchströmen

Gleicht nicht die strahlende, runde Scheibe des Uhrpendels der Sonne? Aus dunkler Nacht steigt sie leuchtend auf. Es ist die Sonne, die uns Leben ermöglicht. Sie ist Sinnbild für das Schöpfungsgeheimnis.

Der wechselnde Sonnenlauf, unterschiedlich nach Jahreszeiten und Wetterlagen, bestimmt die Eigenart unserer Stunden, gliedert unseren Tag. Und in jedem von uns schlägt ein innerer Rhythmus mit nach außen oder nach innen gerichteten Kraftströmen, der der »Sonnenuhr« entspricht. Allem Lebendigen ist ein solcher Rhythmus eingewurzelt.

Bevor der Mensch durch das Räderwerk der Uhren und durch elektrisches Licht sich unabhängig machen konnte, erfuhr er elementar den Wechsel der Tageszeiten: das Morgenlicht kündigte den Beginn an, »so geht dann der Mensch aus an seine Arbeit!« Der Höchststand brachte die Mittagspause, die Dämmerung den Feierabend, das Dunkel den Schlaf.

Dieser natürliche Ablauf des Tages kennt kein graues Einerlei des Immergleichen, das Lebensüberdruß hervorruft. In ihm gibt es nicht die blinde Hast, die uns leer zurückläßt. Der lebendige Wechsel von Abend und Morgen, von Ermüdung und von neuer Kraft, von Aktivität und Ruhe steigert die Lebensintensität, körperlich, seelisch und geistig.

Wir können nicht zurück in die vorindustrielle Welt. Aber können wir uns diesem tragenden Rhythmus in uns und um uns herum wieder öffnen? Wenn wir dafür sensibel werden, erspüren wir die Wurzeln, die unser Leben speisen, werden wir Kräfte erfahren, die auch uns durchströmen. Damit schenkt sich uns eine neue, beglückende Beziehung zum Schöpfungsganzen, in das wir hineingehören. Wo wir uns ihm anvertrauen, wird eine Quelle des Lebendigen erschlossen, aus der uns Heilung, Freude und innerer Reichtum zufließen.

Abend und Morgen ein Tag – Sich getragen wissen

Das fünffach aufblitzende braune Pendel, das in einem unsichtbaren Halt schwingt, zeigt die Bewegung des Lebens: »... denn es fährt dahin, als flögen wir davon!«

Die Natur kennt den immer neuen Tag nach jeder Nacht. Der Mensch aber weiß, seine Stunden auf Erden sind unwiederholbar, einzigartig. Darum trug der Tod im Mittelalter das Stundenglas, die Sanduhr, das Bild zerrinnenden Lebens. Darum liegt über allem Sinken der Sonne die Schwermut letzter Stunden, und menschliches Leben gleicht dem Ablauf eines Tages.

Immer hat der Mensch geklagt: Warum ist alle Zeit vergängliche Zeit, von Abschieden überschattet? Warum werden wir müde, alt und gebrechlich? Warum ist der Mensch wie ein Staubkorn, das durch die Sanduhr rinnt, immer nur Bruchstück?

Diese uralten Fragen nimmt die Bibel auf, indem sie berichtet, wie der Mensch aus seiner Beziehung zu Gott herausfällt, und so den Halt verliert, durch den Leben getragen wird. Aber Gott geht dem Menschen durch die Geschichte nach. In der »Mitte der Zeit« unterwirft er sich der zerrinnenden Zeit, dem Tod, dem Leid und der Schuld des Menschen. Damit wird Zeit verwandelt, ist unsere Zeit nicht länger verlorene Zeit. Der Augenblick wird zum Schnittpunkt von Zeit und Ewigkeit. Augustin sagt: »Der große, ewige Tag ist in unseren kurzen, irdischen Tag gekommen: Gott ist Mensch geworden für dich!«

Der Mensch früher erfuhr unmittelbarer die Grenzen seines Lebens. Da wollte er sich festmachen an dem, der die Zeit schuf und sie ihm gab. Seine Stunden erfuhren eine Wandlung. In aller Unruhe fühlte er sich gehalten: Morgens, mittags und abends teilten Stundengebete seinen Tag. Sie waren wie die braunen Balken eines Fachwerkhauses, die den zerbrechlichen Mörtel der Wände tragen.

In verwandelter, von unserer Zeit bestimmter Form möchte sich das »Stundenbuch« dieser Überlieferung anschließen.

LIESE HOEFER

Ein Loblied dem Schöpfer – Psalm 104

*Der alte Psalm besingt unsere Erde, wie sie wohlgeordnet
uns Menschen anvertraut ist, auf daß sie
Lebensraum bleibt für Enkel, Bäume und Tiere.*

Lobe den Herrn, meine Seele!
Herr, mein Gott, du bist sehr herrlich;
du bist schön und prächtig geschmückt.
Licht ist dein Kleid, das du anhast.
Du breitest den Himmel aus wie einen Teppich;
du baust deine Gemächer über den Wassern.
Du fährst auf den Wolken wie auf einem Wagen
und kommst daher auf den Fittichen des Windes,
der du machst Winde zu deinen Boten
und Feuerflammen zu deinen Dienern;
der du das Erdreich gegründet hast auf festen Boden,
daß es bleibt immer und ewiglich.

Die Berge stiegen hoch empor,
und die Täler senkten sich herunter zum Ort,
den du ihnen gegründet hast.
Du hast den Wassern eine Grenze gesetzt,
darüber kommen sie nicht
und dürfen nicht wieder das Erdreich bedecken.
Du lässest Wasser in den Tälern quellen,
daß sie zwischen den Bergen dahinfließen,
daß alle Tiere des Feldes trinken
und das Wild seinen Durst lösche.

Darüber sitzen die Vögel des Himmels
und singen unter den Zweigen
Du feuchtest die Berge von oben her,
du machst das Land voll Früchte, die du schaffest.

Du lässest Gras wachsen für das Vieh
und Saat zu Nutz den Menschen,
daß du Brot aus der Erde hervorbringst,
daß der Wein erfreue des Menschen Herz
und sein Antlitz schön werde vom Öl
und das Brot des Menschen Herz stärke.

Die Bäume des Herrn stehen voll Saft,
die Zedern des Libanon, die er gepflanzt hat.
Dort nisten die Vögel,
und die Reiher wohnen in den Wipfeln.
Die hohen Berge geben dem Steinbock Zuflucht
und die Felsklüfte dem Klippdachs.
Du hast den Mond gemacht, das Jahr danach zu teilen;
die Sonne weiß ihren Niedergang.
Du machst Finsternis, daß es Nacht wird;
da regen sich alle wilden Tiere,
die jungen Löwen, die da brüllen nach Raub
und ihre Speise suchen von Gott.
Wenn aber die Sonne aufgeht, heben sie sich davon
und legen sich in ihre Höhlen.
So geht dann der Mensch aus an seine Arbeit
und an sein Werk bis an den Abend.
Herr, wie sind deine Werke so groß und viel!
Du hast sie alle weise geordnet,
und die Erde ist voll deiner Güter.
Da ist das Meer, das so groß und weit ist,
da wimmelt's ohne Zahl, große und kleine Tiere.
Dort ziehen Schiffe dahin; da sind große Fische,
die du gemacht hast, damit zu spielen.
Es warten alle auf dich,
daß du ihnen Speise gebest zur rechten Zeit.
Wenn du ihnen gibst, so sammeln sie;
wenn du deine Hand auftust,
so werden sie mit Gutem gesättigt.
Verbirgst du dein Angesicht, so erschrecken sie;
nimmst du weg ihren Odem, so vergehen sie
und werden wieder Staub.
Du sendest aus deinen Odem, so werden sie geschaffen,
und du machst neu die Gestalt der Erde.
Die Herrlichkeit des Herrn bleibe ewiglich,
der Herr freue sich seiner Werke!
Ich will dem Herrn singen mein Leben lang.
Ich freue mich des Herrn.
Lobe den Herrn, meine Seele! Halleluja!

XIV

Zu jeder Stunde

Ein neuer Morgen

Morgen
6 Uhr

Der Zeiger der Uhr zeigt auf Sechs

Ein neuer Morgen steigt herauf.
Span der Zeit – zwischen Nacht und Tag.
Schwebendes Sein zwischen Schlafen und Wachen.
Wunderbarer Augenblick – Moment des Innehaltens.
Sich noch nicht den Zwängen ausliefern.
Die Schwere der Nacht langsam hinter sich lassen.
Sich lösen aus den Tiefen des Schlafes,
den Bildern der Träume.
Allmählich sich in den Tag hineinfinden.
Horchen auf leise Geräusche: Melodien der Amsel
durch geöffnete Fenster, bevor der Lärm beginnt.
Kühle des Morgens einatmen.
Den Körper regen und im Strecken und Dehnen spüren,
wie lebendige Kräfte ihn neu durchströmen.

Dankbar alles wahrnehmen mit offenen Sinnen.
Dankbar für die Ruhe der Nacht.
Dankbar, daß Probleme eine Zeitlang zurücktraten.
Dankbar, daß ich das Licht des neuen Tages
heraufkommen sehen darf
trotz allem Dunkel, das mich umfängt.
Dankbar, wenn meine Augen
die Schönheit dieser Welt noch sehen können
und meine Sinne die vielfältigen Schwingungen
des Lebens noch wahrnehmen.
Dankbar für die Menschen,
die auf mich warten werden.
Dankbar für diesen Morgen, der mir noch gegeben ist.
Dankbar, daß dieser Tag mich brauchen will.

Ein neuer Morgen

Ein neuer Tag liegt vor mir.
Einzigartig kostbare Stunden, unwiederholbar.
Nur in den Stunden dieses Tages
kann der, der ich bin, Gestalt annehmen.
An diesem Morgen: Ich bin gefragt!
Werde ich mich dem Sog überlassen,
der mich hineinzerrt in die strudelnden Wasser der Zeit,
so daß mein Leben zerrinnt?
An dem Ufer des neuen Tages bin ich gefragt,
ob ich für das Schiff meines Lebens
Verantwortung übernehme,
ob ich nach dem Steuer greife,
um im Strom und gegen den Strom zu steuern.
Ich bin gefragt!

Die Morgenstunde ist das Steuerruder des Tages,
so hat Augustin gesagt.
Mein eigenes, kleines Dasein ist mir anvertraut,
und damit habe ich zu beginnen.
Zugleich aber bin ich Mensch dieser Zeit.
Ich will nicht von glücklichen Inseln träumen.
Aber diese Welt ist auch mir anvertraut:
Und in ihr soll Raum sein für Kinder und Enkel,
für Bäume und wilde Blumen, für Fische und Vögel,
für freilebende Tiere und Lachen und Weinen.
In ihr sollen nicht Reiche und Mächtige
auf Kosten von Armen und Rechtlosen leben.
Ich hoffe auf Menschen,
die dem Frieden Raum geben und damit sinnvollem Leben!
Dafür möchte ich dasein.
Einen kleinen Schritt im Vertrauen wagen,
weil diese Welt auch heute Gottes Schöpfung ist.

Quelle neuer Kraft

Der Morgen ist grau, kalt und regnerisch.
Ich bin müde. Ich habe Angst vor dem Tag.
Ich komme aus dem Dunkel einer Nacht ohne Schlaf,
aus allen Vergeblichkeiten meines Lebens,
aus bedrückendem Versagen und lastenden Sorgen.
Ich habe Angst vor dem Tag.
Wie ein Berg steht seine Forderung vor mir.
Inmitten von Menschen fühle ich mich allein.
Ich bin müde. Ich fühle mich kraftlos.
Ich brauche das Wunder neuer Kraft.
Wasser aus der Quelle des Lebens, Licht vom Licht.
Ich brauche Kraft von Ihm,
der mir diesen Tag gibt.
Ich möchte mich öffnen und Schale sein.
Ich möchte trinken und erfüllt werden.

Draußen vor dem Fenster wird es licht.
Ein neuer Tag steigt herauf:
Geschieht es nicht heute wie am ersten Schöpfungstag?
Gott spricht: »Es werde Licht!«
Und siehe, es wird Licht.
Und Gott scheidet das Licht von der Finsternis.
Und Gott sieht, daß das Licht gut ist.
So wird aus Abend und Morgen ein neuer Tag.
Gott, der sich den Menschen erschafft, Ihm zum Bilde,
Gott, der den Menschen macht aus Erde vom Acker:
Er haucht ihm den Odem des Lebens ein.
So gewinnt der Mensch sein Leben.
Gott ruft: »Wo bist du?«
Ich höre meinen Namen und bin nicht allein.
Ich gehe hinaus ins Licht.

Die Sonne erweckt einen Schmetterling

Zwei Kinder finden an einer alten Tanne ein längliches Spinnwebgebilde, eine Schmetterlingspuppe. Sie freuen sich darauf, das Ausschlüpfen zu beobachten. Der Junge möchte dann den Schmetterling fangen. Das kleine Mädchen ruft entsetzt: Nein, der Schmetterling soll fliegen!

Am nächsten Morgen, bei Sonnenaufgang, läuft die kleine Schwester zuerst zur Tanne. Als sie hinkommt, hat die Sonne die Schmetterlingspuppe erreicht. War es nicht, als bewege es sich in ihr? Sie blickt gespannt hin. Mit jeder Minute wird es wärmer. Spürt das auch der Schmetterling? Wird die Sonne es schaffen, ihn hervorzulocken? Er versucht, sein Gefängnis zu sprengen. Das Kind wagt kaum zu atmen. Komm, du kleiner Schmetterling, komm! Wie froh wirst du sein, wenn du zum ersten Mal frei bist! Da: Die Hülle reißt! Mit zusammengefalteten Flügeln kriecht der Schmetterling hervor. Er sitzt wie betäubt. Dann geht ein Zittern durch ihn, zugleich scheint er zu wachsen. Die Flügel werden glatt. Es ist, als nähre er sich von der Sonne. Bewegungslos sitzt er, hingegeben an die Wärme. Das Mädchen ist glücklich. Da erbebt der Schmetterling, und wie von unsichtbarer Hand gehoben, fliegt er auf, taumelt, als wäre er trunken, über die Wiese hin.

Das ist der Anfang seines Lebens. Das Mädchen sieht ihm nach. Dann wird ihr bewußt, daß der Bruder neben ihr steht. Hast du es meinetwegen nicht getan? – Ich weiß nicht, antwortet der Junge. Er blickt weg. Dann gehen die beiden miteinander zurück.

Frei nacherzählt nach: Gina Ruck-Pauquèt

Die Sonne kehrt wieder

Die Malerin Christiane Ritter erzählt in ihrem Buch »Eine Frau erlebt die Polarnacht« von ihrer Überwinterung auf Spitzbergen:

16. Oktober. Einmal stehe ich auf der Hüttenschwelle und sehe den Himmel im Süden. Jetzt leuchtet er im herrlichen Morgenrot. Es ist 12 Uhr mittags, als die Sonne aufgeht. Sie steigt halb über den Horizont, sinkt wieder hinab, verschwindet.

Ich begreife mit Schaudern, daß dies der furchtbare Moment war, wo die Sonne in diesem Jahr uns das letzte Mal geschienen hat! Ich laufe zu den Männern: »Stimmt schon«, sagen sie ruhig und schnitzen weiter, »heute ist der 16. Oktober, nun kommt die Sonne erst am 25. Februar zu uns zurück!« Ich rechne aus, daß die Nacht 132 Tage dauern wird! – Der Kampf mit dem schwach werdenden Licht des Tages und dem sieghaft werdenden Licht des Mondes bringt verwirrende Kontraste in die eisklare Landschaft. Immer neue Bilder erscheinen: Nordlicht von unglaublicher Intensität steht am Himmel, in Rosa, Lila und Grün. Wenn die zu Hause wüßten, wie herrlich es hier ist! Man ahnt nicht, daß unter solch strahlendem Himmel auch die Menschenseele klar und strahlend ist...

Nach dem Sturm ist es ganz tot um uns herum. Dicker Nebel lastet auf allem. Die Hütte ist verpackt in Stille und Finsternis. Mich dünkt, es käme jetzt erst die Nacht, und langsam will mich aller Mut verlassen. – Vielleicht ist es finster auf der ganzen Welt. Vielleicht kommt die Sonne überhaupt nicht wieder. – Die Tage vergehen ohne Erleben, ohne richtige Arbeit, ohne erlösenden Blick in die Wirklichkeit der Welt. Nachts liegen wir nicht müde, nicht wach, umgeben von Finsternis und Stille.

Je länger die Winternacht dauert, erscheint eine eigenartige Helle vor dem inneren Auge. Es ist, als fühle man hier mit besonderer Klarheit die großen Gesetze der Seele, die Kluft zwischen menschlicher Anmaßung und ewiger Wahrheit. Manchmal sehe ich Blumen und Bäume der fernen Sonnenwelt – blühend, bunt und schön. Aber die Menschen

8

laufen mit gesenkten Köpfen im Kreis ihrer Sorgen und Kümmernisse. Nur wenige sehen die Herrlichkeit der Sonne.

25. Februar. Wir sind in feierlicher Stimmung. Wir werden die Sonne wiedersehen! Der Himmel ist klar. Das vereiste Land liegt noch im Schatten. Unten in der Woodbai ist eine Lücke zwischen den Bergen. Dort haben wir die Sonne zum letzten Mal gesehen, dort wird sie wieder erscheinen! Wir verfolgen den leuchtenden Schein, der hinter der Bergkette zieht: Da! Es leuchtet grell auf! – Einen Augenblick haben wir die Sonne gesehen! – Eine Möwe kommt fjordeinwärts geflogen. Die erste zurückgekehrte Möwe. Sie umkreist uns einmal und fliegt dann weiter. In unberührter Schönheit, in heiliger Stille liegt die vereiste Welt da. Der Vogel fliegt unter dem strahlenden Himmel mit langsamen Flügelschlägen über den Fjord, als bezöge er als erster eine eben erst erschaffene, unberührte Welt.

Die Arktis gibt ihr Geheimnis nicht für den Preis einer Schiffskarte. Man muß hindurchgegangen sein durch die lange Nacht, durch die Zertrümmerung der menschlichen Selbstherrlichkeit. Man muß in das Totsein aller Dinge geblickt haben, um die Lebendigkeit aller Dinge zu erleben. In der Wiederkehr des Lichtes, in der unverhüllt in Erscheinung tretenden Gesetzmäßigkeit alles Seins liegt das Geheimnis der Arktis und die gewaltige Schönheit ihrer Länder.

CHRISTIANE RITTER

Was der alte Makarios erzählte

In Antiochien lebte ein alter Mann, der hieß Gad. Jetzt aber nannte er sich Makarios, das heißt der Glückliche, der Seliggepriesene. Er war in seiner Jugend mit dem Rabbi aus Galiläa durch das Land gezogen. Als die Zeit der Verfolgung und des Glaubensstreites begann, kamen die Leute aus der Gemeinde zu ihm. Makarios kannte jeden einzelnen, ihr Leben, ihre Gesichter. Unterschiedlich waren sie nach Herkunft, Schicksal und Eigenart: Alteingesessene, Neuhinzugezogene, Junge und Alte, eine bunte Mischung. Sie baten ihn, von seinem Leben mit dem Rabbi zu erzählen.

Einmal, beim ersten Morgenlicht, kam Demetrios, einer, der neu hinzugezogen war. Er saß schweigend da. Dann sagte er: Ich bin mutlos. In der großen Stadt fühle ich mich einsam. Wer kennt mich? Wen kenne ich? Ich mag nicht mehr! Ich erwarte nichts mehr vom neuen Tag. Was denkst du darüber, Makarios?

Demetrios, ich möchte dir von meiner Begegnung mit dem Rabbi aus Galiläa erzählen, denn bei ihm habe ich neu gelernt, mein Leben zu leben. Als ich herangewachsen war und diese Welt sah, wurde mir vieles fragwürdig, was ich von der Überlieferung der Väter gelernt hatte. Das Leben erschien mir leer. Ich lebte in den Tag hinein. Aber als ich zu dem Rabbi Jesus kam, merkte ich, bei ihm war das anders. Es dauerte eine Weile, bis ich erkannte, was es war. An einem Morgen saßen wir vor dem Haus, wo wir zur Nacht geblieben waren. Wir hatten einen weiten Blick über die Berge. Der Rabbi sprach das alte Morgengebet:

Gott, unser Vater, du erneuerst in deiner Güte an jedem Morgen das Werk deiner Schöpfung! Deine Barmherzigkeit ist alle Tage neu, und deine Güte ist groß!

Als der Rabbi das betete, ging über den Bergen die Sonne auf. Da begriff ich, Schöpfung ist nicht Vergangenheit. Ich spürte, jetzt werde ich mit Namen gerufen. Ich als einzelner unter vielen. Gottes Atem rührt mich an. Ich bin sein geliebtes Geschöpf, geschaffen als sein Ebenbild in dieser Welt. An diesem Morgen neu. Ich sah zu dem Rabbi hin. Ich fragte mich: Wer ist er? Wie kann er so leben? Plötzlich begriff ich, der Gott, der mir oft so fern und unbegreiflich ist, er ist ihm ganz nah. Unaufhörlich spricht er ihn an: »Lieber Vater!«

Da habe ich in ihm Gott erfahren. Da wurde der Rabbi für mich zum Wort des Lebens, zum Licht des Anfangs.

Makarios wies zur offenen Tür. Sieh, Demetrios, dort geht die Sonne auf! Seit dem Morgen in den galiläischen Bergen ist das für mich jedesmal ein Wunder. Das ist nicht die Wiederkehr des Immergleichen. Jeden Morgen ruft Gott das Licht, damit das Dunkel weiche und aus dem Chaos Gottes schöne Ordnung werde. Was draußen vor unseren Augen geschieht, das geschieht auch in uns. Jeden Morgen empfangen wir unser Leben neu aus seiner Hand.

Ihr Menschenkinder, die ihr geboren wurdet und heran-wachst, hört, was ich, das strahlende Licht und euer Schöp-fer, sage: Ihr seid in mein Herz gepflanzt beim Anbruch des ersten Schöpfungstages!

HILDEGARD VON BINGEN (1098–1179)

Lobet im Himmel den Herrn;
Lobet ihn in der Höhe!
Lobet ihn, alle seine Engel;
Lobet ihn, all sein Heer!
Lobet ihn, Sonne und Mond;
Lobet ihn, alle leuchtenden Sterne!
Lobet ihn, ihr Himmel aller Himmel;
Und ihr Wasser über dem Himmel!
Die sollen loben den Namen des Herrn;
denn da er gebot, da wurden sie geschaffen.
Halleluja!
(Psalm 148, 1–5)

Sieh, die Sonne, sie steigt

Sieh,
die Sonne kehrt
wieder
als goldener Rauch.
Die fallende steigt.
Steigt aus den Dächern Hiobs.
Es tagt
heute
zum zweiten Mal.

HILDE DOMIN

In einem Brief aus einem anglikanischen Kloster lese ich: Je länger ich hier die Stundengebete mitvollziehe, desto stärker werden sie für mich lebendig. Sie schaffen einen Raum des Gebetes und der Konzentration, in dem einzelne Sätze und Worte in ihrer Bedeutsamkeit neu aufleuchten. Wunderschön ist vor allem das Frühgebet, die Laudes, der Lobgesang. Jeden Morgen endet er, wie schon in der Tradition des Judentums, mit den Psalmen 148 bis 150, in denen alles, was ist, zur Freude und zum Lob aufgerufen wird. Besonders ausdrucksstark sind die alten Hymnen, Dichtungen aus früher Zeit. Schön ist ihre schwingende Melodik. Sie zeigen, wie unser menschliches, alltägliches Leben in einem kosmischen Zusammenhang steht. Der wechselnde Lauf der Sonne, das Schöpfungsgeschehen und die Ereignisse des Kirchenjahres werfen ein Licht auf unsere Lebensgeschichte. In den Laudeshymnen ist, wie in dem modernen Gedicht, das Staunen des Menschen über das Wunder des täglichen Sonnenaufgangs lebendig:
Sieh, die Sonne, die fallende, sie steigt!

Bei dir ist die Quelle des Lebens,
und in deinem Lichte sehen wir das Licht! (Psalm 36)

Seht, golden steigt das Licht empor

Seht, golden steigt das Licht empor –
da schwindet hin die dunkle Nacht,
die unsern richtungslosen Schritt
hart an des Abgrunds Rand gebracht.

Des neuen Tages heitres Licht
dringt tief in unsre Seele ein
und macht, von Arglist ungetrübt,
des Herzens Streben klar und rein.

Ein Auge schaut auf uns herab,
das über unsrem Leben wacht:
es sieht voll Güte unser Tun
vom frühen Morgen bis zur Nacht.

Und jener letzte Morgen einst,
den wir erflehn voll Zuversicht,
er finde wachend uns beim Lob
und überströme uns mit Licht.

Gott Vater, dir und deinem Sohn
sei Lob und Dank und Herrlichkeit,
und auch dem Geist, der bei uns ist:
jetzt und in alle Ewigkeit. Amen.

MORGENHYMNUS DES PRUDENTIUS (348–405)

Der Weg in den Tag

Morgen
7 Uhr

Der Zeiger der Uhr zeigt auf Sieben

Wie finde ich den Weg aus der Stille der Nacht in den Tag?
Wie kann ich Gleichgewicht finden und bewahren,
wenn die Anforderungen des Tages,
Sorgen und Erwartungen, Pflichten und Zwänge,
Menschengewühl, Hetze und Lärm
wieder von neuem nach mir greifen?
Mit Stift und Kalender planen: Was ist heute wesentlich?
Ich brauche eine Mitte, aus der heraus
ich handeln kann, um an diesem Tag
gelassen, besonnen und freundlich zu leben.
Ich brauche einen Freiraum zur Besinnung am Morgen,
um zu mir selbst zu finden, ins Lot zu kommen.
Nur wo ich innehalte, weist mir der Kompaß den Weg.
Lebenskunst verwandelt dazu auch einfaches Tun,
unauffällige Momente, in denen ich bei mir selbst bin:
Morgengymnastik, ein Blick aus dem Fenster,
Warten auf den Bus, Fahren im Aufzug.
Viele kleine Möglichkeiten auf meinem Weg
durch den Tag.

Am Morgen sehe ich vor mir den Weg in den Tag.
Schnee ist gefallen über Nacht. Kaum eine Spur:
Wie wird der Weg sein, wenn ich am Abend zurückkehre?
Was werde ich auf diesem Wege erfahren?
Vor mir geht ein Mensch.
Ich kenne ihn, sehe seine Schritte im Schnee.
Er geht mit festem, ruhigem Schritt,
grüßt freundlich den,
der müde von der Nachtschicht kommt.
Er sieht zum Baum am Weg, blickt prüfend auf zum Himmel.
So möchte ich meinen Weg in den Tag gehen:
Annehmen, was die Stunden mir bringen werden.
Widerstehen, wo das Vielerlei mich in die Irre führen will.
Bereit zur Begegnung und Gabe, offen und gelassen.
Ich sehe den Weg in den Tag vor mir.
Ich gehe.

Der Weg in den Tag

Der erste Schritt in den Tag
Entspannen
Ausatmen – einatmen
Sich sammeln
Hinschauen auf eine Blume
Auf ein Bild – eine Kerze
Einem Worte nachsinnen
Vor einem offenen Buch
Vor der Heiligen Schrift
Hindenken zu Menschen
Denen ich verbunden bin
Die in Not sind
Überall in der Welt
Schließen der Augen
Schweigen
Sich öffnen
Hören
Hier bin ich vor dir, o Gott
Heilende Stille
Bejahtes Dasein
Vom Licht gewärmt
Erfahrung
Ewigkeit in der Zeit
Im Frieden sein
Dank, du naher Gott
Hilf uns allen
Ich atme
Ich öffne die Augen
Hier bin ich
Vor mir der Weg in den Tag
Ich bin beschenkt
Ich gehe

Das Birkenwäldchen

Wer mit Regelmäßigkeit einen der Züge benutzt, die zwischen Berlin und Potsdam verkehren, wird viele Gesichter kennen, die sich eingeprägt haben. Als durch Fliegerangriffe zahlreiche Wohnungen der Zerstörung anheimfielen, tauchte eine Reihe neuer Gesichter von Menschen auf, die eine Notunterkunft in der Umgebung gefunden hatten.

In dieser Zeit geschah es, daß ich auf einen Herrn aufmerksam wurde oder besser auf die natürliche Gelassenheit, mit der er sich Situationen überließ. Er zeigte keinen nervösen Unmut, wenn der Zug verspätet im Berliner Kopfbahnhof einlief, er beeilte seinen Schritt nicht, um einen abfahrenden Zug noch rasch zu erreichen. Sein Kommen und Gehen hatte etwas Lässiges, und wenn er einen Sitzplatz fand, nahm er es ebenso selbstverständlich hin wie den Umstand, die Fahrt über stehen zu müssen. Diese Gelassenheit war ein Verhalten, das untergeordneten Dingen keine Bestimmung zubilligte. Während der Fahrt pflegte er nicht zu lesen. Man hatte den Eindruck, als ob er in seinen Gedanken spazierenginge.

Ende März hoben die Tage an, die von einer satten Bläue des Himmels überwölbt waren, wo die Luft zu leuchten schien, wo das Auge, das sich offen in der Natur umschaute, deren Gültigkeit auf neue Weise bestätigt sah. Die Fahrt aus den grausam zerstörten Gebieten der Stadt schenkte dem suchenden Blick bald das sich täglich mehr belebende Grün... So kamen wir ins Gespräch, als er mich plötzlich unterbrach und stumm mit der Hand zur Linken hinwies. Über seinem Gesicht lag die Erwartung einer festlichen Freude. »Passen Sie auf«, sagte er zu mir, »gleich wird es da sein!« Der Kiefernbestand, der die Bahnstrecke begleitet hatte, ging in Mischwald über, Birkenstämme streuten sich ein. »Sehen Sie nur«, er flüsterte fast die Worte: »Das Birkenwäldchen!« Frei vor unseren Blicken lag ein Waldstück, das ausschließlich mit Birken bestanden war, die ihre weißen Schäfte zum Licht emporreckten. Ehe das Auge das Ganze noch recht umfaßte, lichtete sich der Bestand. Die ersten kleinen Häuser wurden sichtbar. Mein Nachbar hatte sich vorgebeugt; sein Gesicht trug den Ausdruck einer reinen Beglückung. »Wo sieht man das«, sagte er versonnen wie zu sich selber, »ein Birkenwäldchen, das geschlossen für sich besteht.« Er sagte nicht, daß dieser Anblick die Freude seiner Morgen- und Abendfahrt war. Er sagte nichts von der mädchenhaften Erscheinung dieser Bäume. Alles, was den Fühlenden mit dem Wesen der Birke verbindet, war in seine knappen Worte einbezogen. Ein Nachglanz lag noch auf seinem Gesicht und über seiner Haltung, als wir uns am Bahnhof trennten.

Wenn ich an den nächsten Tagen am Birkenwäldchen vorüberfuhr, öffnete sich das Herz immer mehr diesem Anblick des Lichten, das den Gesetzen der einfachen Erde gehorchte. Zu dieser Zeit wurde mir Herz, Nerv und Geist durch das Walten des Krieges angegriffen. Die Nähe des Todes umgab jeden von uns. Was Wille und Energie, was die Kräfte des Verstandes mühsam meisterten, linderte schon ein gläubiger Blick aus dem Zug in die Unbeirrbarkeit des Wachsens und Grünens.

So gewann das Birkenwäldchen in seinem unbeschwerten Gedeihen eine tiefere Bedeutung.

HERMANN KASACK (1896–1966)

Eine winzig kleine Blume von irgendeinem wilden Wegrain,
die Schale einer kleinen Muschel am Strand,
die Feder eines Vogels,
das alles verkündet dir,
daß der Schöpfer ein Künstler ist.

TERTULLIAN (ca. 160–ca. 220)

Was der alte Makarios erzählte

Verfolgung hatte die Gemeinde in Antiochien getroffen. Aber sie kamen insgeheim früh am Morgen zusammen, um miteinander das Brot zu brechen, den Wein zu segnen und die Lobgesänge zu singen.

Danach erzählte der alte Makarios: Wir sagen, wenn wir das Brot miteinander teilen, wir feiern Eucharistie, und ihr wißt, das heißt: »Dank sagen«. Heute früh kam mir der Gedanke: Danksagen ist eine Anweisung zum rechten Leben! Wenn wir gebannt nur auf das Widersinnige sehen, können wir nicht leben! Wir brauchen, wie die Luft zum Atmen, das Ja des Glaubens, das Vertrauen, daß diese Welt Gottes Welt ist und bleibt! Wir haben heute früh gesungen:

»Es ist in Wahrheit würdig und recht, unser Heil und unsere Freude, dir, dem Vater im Himmel, dem ewigen Gott, zu allen Zeiten und an allen Orten Dank zu sagen! . . .«

Wenn wir das singen, höre ich die Stimme des Rabbi. Ich erinnere mich besonders an einen Morgen am See Genezareth. Wir waren am Abend zuvor in den Städten am See zum ersten Mal Menschen begegnet, die die Botschaft von der Nähe Gottes, von seinem Reich, nicht hören wollten, die uns abwiesen. Das hatte mich verzagt gemacht, und mir war bange vor dem neuen Tag. Der Rabbi war noch im Dunkeln allein in die Berge gegangen. Er suchte die Nähe und die Weisung des Vaters. Als er zurückkam, lag auf seinem Gesicht etwas von der Stille und dem Licht des Morgens. Durch eine dunkle Wolkenwand brach die erste Sonne, über das bewegte Wasser liefen breite Lichtbahnen.

Wir beteten zusammen das Morgengebet. Dann segnete der Rabbi das Brot und sagte Dank. Wir kannten das von Kindestagen an. Aber bei ihm war das anders. Es waren keine Worte nach Gewohnheit gesprochen.

Er dankte für die ganze Schöpfung, für die Gaben des neuen Tages, für Brot und Wein, für unser Leben, für die Menschen, mit denen wir verbunden sind, für alle, um die wir uns Sorgen machen. Dafür, daß Gott zu allen Zeiten und an allen Orten mit uns auf dem Wege ist!

Und in dieser Stunde der Enttäuschung fuhr er fort: »Ich

preise dich jetzt, Vater, Herr des Himmels und der Erde! Ja, es geschieht vor deinem Angesicht, nach deiner Liebe!« Ich hörte das. Mein Herz war widerstrebend. Wie kann ich dankbar sein, wenn ich nicht verstehe? Wenn es anders eintrifft, als ich es erhoffte? Ich sah auf den Rabbi. Mir ging auf, sein Leben ist Dank, geboren aus Vertrauen. Ich dachte, wenn Gottes Liebe wirklich über dieser Welt ist, dann kann auch ich vertrauen, ohne zu verstehen. Und ich hörte in mir die Worte: Gott, dir sei Dank! Ja, ich will vertrauen!

Ich nahm das Brot aus seiner Hand. Ich aß. Ich trank den Wein. Ich wußte, vor mir lag ein langer, staubiger Tag. Vielleicht würden wir uns wieder vergeblich mühen. Aber ich ging meinen Weg, gelassen, getrost.

Es war still. Makarios sah auf: Wenn ich jetzt morgens in meiner Stube sitze, allein oder mit einem von euch, wenn mich die Sorgen bedrängen wollen, und wenn ich dann mein Brot nehme, esse und trinke, erinnere ich mich an das Dankbarsein, wie ich es damals in Galiläa gelernt habe.

Ohne Dankbarkeit verspielt der Mensch das Glück seines Lebens.
SPRICHWORT

Ihr Heiligen, so elend und betrübt sind,
lobet den Herrn, preiset und rühmet ihn ewiglich!
Denn er hat uns erlöst aus der Hölle,
und hat uns geholfen vom Tode,
und hat uns errettet aus dem glühenden Ofen,
und hat uns mitten im Feuer erhalten.
Danket dem Herrn, denn er ist freundlich
und seine Güte währet ewiglich.
AUS DEM GESANG DER DREI MÄNNER IM FEUEROFEN

Bei Sonnenaufgang

Wie lange hast du den Morgenstern
Nicht mehr vor Sonnenaufgang gesehen!
Wir müßten allesamt früher aufstehen,
Zur Zeit der Matutin vielleicht oder der Laudes
Und nicht erst bei schlechtem Wetter.

FRANZ FASSBIND (AUS: VERGESSENER AUFSTAND)

Zeiten des Gebetes

Die Beobachtung bestimmter Stunden ist nicht überflüssig:
jene Stunden, die Hauptabschnitte des Tages bezeichnen,
die dritte, die sechste und neunte Stunde. Es gibt die Mah-
nung, mindestens dreimal am Tage anzubeten – als Schuld-
ner der drei göttlichen Personen, des Vaters, des Sohnes und
des Heiligen Geistes. Dies dreifache Gebet bringen wir dar,
abgesehen von den Gebeten, die wir beim Beginn des Tages
und der Nacht halten.

TERTULLIAN (ca. 160 bis ca. 220)

Für uns sind nicht nur die Gebetszeiten zahlreicher geworden, sondern auch die geheimnisvollen Beziehungen des
Betens haben sich vermehrt. In der Frühe beten wir, um die
Auferstehung des Herrn zu feiern. Das deuteten die Psalmen an mit den Worten: »Mein Gott, zu dir will ich beten in
der Frühe. Und du wirst meine Stimme hören. Früh will ich
vor dich treten und nach dir ausschauen« (Psalm 5, 4).
Ebenso hat man wieder zu beten, wenn die Sonne untergeht
und der Tag sich neigt. Wenn wir also beim Untergang der
zeitlichen Sonne bitten, das Licht möge von neuem über
uns aufgehen, so flehen wir um die Ankunft Christi, die uns
die Gnade des ewigen Lebens bringen soll, da Christus die
wahre Sonne und der wahre Tag ist.

CYPRIAN, BISCHOF VON KARTHAGO (MÄRTYRERTOD 258)

22

Du Licht des Himmels, großer Gott

Du Licht des Himmels, großer Gott,
der ausgespannt das Sternenzelt
und der es hält mit starker Hand,
du sendest Licht in unsre Welt.

Die Morgenröte zieht herauf
und überstrahlt das Sternenheer,
der graue Nebel löst sich auf,
Tau netzt die Erde segensschwer.

Das Reich der Schatten weicht zurück,
das Tageslicht nimmt seinen Lauf,
und strahlend, gleich dem Morgenstern,
weckt Christus uns vom Schlafe auf.

Du, Christus, bist der helle Tag,
das Licht, dem unser Licht entspringt,
Gott, der mit seiner Allmacht Kraft
die tote Welt zum Leben bringt.

Erlöser, der ins Licht uns führt
und aller Finsternis entreißt,
dich preisen wir im Morgenlied
mit Gott dem Vater und dem Geist. Amen.

HYMNUS: DEUS QUI EST LUMEN, 6.–7. JAHRHUNDERT

Ich habe mir angewöhnt, jeden Morgen eine Zeitlang still zu sein. Es ist ein Stillwerden des bewußten Getriebes. Es zeigt sich etwas, was auch vorher da war. Liturgie und Regelmäßigkeit teilen den unbewußten Schichten etwas mit, was jedenfalls für mich ist wie lebensnotwendige Wahrheit. Ohne diese stete Rückkehr zur Stille könnte ich nicht leben.

CARL FRIEDRICH VON WEIZSÄCKER

Der Arbeit Sinn geben

Morgen
8 Uhr

Der Zeiger der Uhr zeigt auf Acht

Die Rush-hour, das heißt die Hetzstunde, ebbt ab. Viele arbeiten schon lange, jetzt beginnt in den Büros und Schulen die Arbeit. Kaum einer hat zu dieser Stunde Zeit, seinen Alltag zu bedenken. Aber es ist hilfreich, in den Beginn der Arbeit ein Wissen um ihren Sinn mitzunehmen, um die entmutigende Distanz zur täglichen Wirklichkeit zu verringern. Was ist Sinn meiner Arbeit?

Die Realität des Alltags in dieser »nicht-paradiesischen Welt« ist oft unbefriedigend. Der »Acker« fordert »Schweiß und Kummer« und trägt »Dornen und Disteln«. Er verlangt unser Durchhalten, Lasten auf sich zu nehmen. Heute hat sich das verschärft. Wir sehen wenig von dem, was unter unserer Mühe wächst. Es befriedigt nicht, nur für Geld zu arbeiten. Freizeit als Ziel alles Tuns läßt auf die Dauer leer werden. So wird Arbeit Mittel zum Zweck, sie hat in sich keinen Sinn mehr. Oder können wir doch »mit, in und unter« der Arbeit Sinn entdecken?

Sie ist nicht Fluch, nicht Folge gefallener Schöpfung. Der Schöpfer schuf den Menschen zu seinem Bilde. Er gab ihm das Paradies, den Garten Eden, »ihn zu bebauen und zu behüten«, nicht zum »dolce far niente«, zum süßen Nichtstun. So gehört zum Wesen des Menschen die Arbeit als Teilhabe an Gottes Schöpfungswerk. Der Mensch ist Mitarbeiter Gottes bei der Gestaltung der Welt auf dem Weg vom Chaos zu vielfältiger Schönheit.

Die Tiefe dieses Auftrags verstehen wir heute, angesichts der Gefährdung unserer Erde, unmittelbarer als früher. Die alten Worte der Bibel gewinnen wegweisende Aktualität.

Der Arbeit Sinn geben

Was heißt das für den, der keine Arbeit hat? – Ich erinnere mich daran, wie in der Zeit der Wirtschaftskrise vor 1933 wir jeden Abend unseren Vater mit der bangen Frage erwarteten: Hat die Fabrik noch Arbeit? Hast du noch Arbeit? Dies Gefühl der Unsicherheit hat sich uns eingeprägt und unsere Kindheit mitbestimmt. Als Bedrohung empfanden wir die Gruppen von Männern, die am Werktag an den Ecken herumstanden. Wir wußten, sie waren arbeitslos!

Heute ist das wieder Schicksal in vielen Familien. Schwer wird die Mühsal des Alltags, wenn einer keine Arbeit, keinen Verdienst mehr hat. Eintönig gehen die Stunden vorüber. Oft muß Zeit totgeschlagen werden. Die Sorge darum, wie es weitergehen wird, nistet sich immer tiefer ein. Auf die Dauer fühlt sich der Mensch unnütz. Dann fragt er sich: Was gelte ich bei denen, die Arbeit haben? Was bedeutet mein Sosein für meine Frau und die Kinder?

Ein junger Mensch mit grauem Gesicht sagte mir fast weinend und sehr zornig: Du kannst das ja gar nicht verstehen, was es heißt, arbeitslos zu sein. Immer mehr verliere ich den Mut und die Hoffnung zum Leben. Es hat ja doch alles keinen Sinn! Und das Schlimmste: Ich verliere mein Selbstvertrauen und meine Selbstachtung. Ich verdöse die Stunden. Ich wage mich fast schon nicht mehr auf die Straße. Immer stärker nagt das an mir, nach jedem neuen Versuch, nach jeder neuen Enttäuschung. Ich glaube es schon fast selbst: Ich tauge eben nicht zum Leben. Die andern, die Arbeit haben, sie sind nicht nur glücklicher – ja sind sie nicht auch mehr wert als ich? Mich braucht keiner! Wozu leben?

Und nach dem 65. Lebensjahr?

»Der Auftrag des Menschen ist Gestaltung der Welt, ist Arbeit.« Das liest einer, der eben aus dem Berufsleben ausgeschieden ist. Er hat sich manchmal darauf gefreut, aber insgeheim hat er es nicht wahrhaben wollen, daß es bald soweit ist. Jetzt vermißt er, was sein Leben bis dahin ausfüllte. Er vermißt die Berufskollegen, die Anerkennung, die er durch den Beruf fand. Er merkt, ein Hobby kann schwerlich die berufliche Verantwortung ersetzen.

Kann auch hier die alte Geschichte von der Erschaffung der Welt Wege weisen? Können wir alle Wichtiges lernen von Gottes Tun? Wie hat Gott die Welt geschaffen? Schritt für Schritt, Tag für Tag gestaltete sich das Schöpfungswerk. Jeder Tag wurde im Schauen Gottes auf das Geschaffene vollendet: »Und Gott sah, daß es gut war. Da wurde aus Abend und Morgen der erste Tag.« Vom Abend des sechsten Tages heißt es: »Und Gott sah an alles, was er gemacht hatte« – er sah es lange an, er nahm sich Zeit – »und siehe, es war sehr gut! So vollendete Gott am siebenten Tag seine Werke, die er machte, und ruhte von allen seinen Werken. Und Gott segnete den siebenten Tag und heiligte ihn, weil er an ihm ruhte von allen seinen Werken.« In diesen alten Worten hören wir, wie Schaffen und Ruhen im Gleichklang zusammengehören. Das Verweilen, das Schauen, das frohe, dankbare Wahrnehmen dessen, was ist, das Ruhen gibt dem Ganzen seine Vollendung, sein Ziel. So ist es Gottes Werk!

»Er sah an alles, was er gemacht hatte, und siehe, es war sehr gut.« Davon können wir lernen. In den Ablauf unseres Lebens, jedes Tages gehört es als Abrundung, diese Welt, unser Leben, diesen Tag anzuschauen, sie verweilend wahrzunehmen und darin dankbar zu werden. Dankbar, weil die Welt uns durchsichtig wurde für ihren Schöpfer und dafür, wie sie nach seinem Willen sein soll.

Leben nach dem Schöpfungsauftrag

Dankbar, weil wir merken, daß wir hineingehören mit unserem Leben, mit unserem Tagewerk in das Schöpfungsganze, daß wir teilhaben sollen an der Vollendung der Welt. Dabei können wir erkennen, daß es nicht nur unsere nutzbringende Arbeit ist, die unserem Leben, unserem Tun Sinn verleiht. Der Sinn unseres Alltags ist nicht unsere Leistung, das sichtbare Produkt unserer Arbeit. Sinn wird dem Menschen mit seinem Da-Sein zugleich geschenkt.

Dieser Sinn ist für jeden ein schöpferisches Mitwirken an dieser Welt, auf dem Weg von Dunkelheit zu Licht und guter Ordnung. Das geschieht in persönlicher, vielgestaltiger Form. Bei dem einen ist dies in seiner aktiven Lebensphase die treue Pflichterfüllung, die das Leben einer Familie, Leben auch für andere ermöglicht.

Die Hausfrau kann mit Humor entdecken, wie sie täglich neu Chaos zum Kosmos verwandelt in all ihrer Hausarbeit. Außerdem ist ihr das einzigartige, lebenschaffende Glück gegeben, Kinder auf ihrem Weg in die Welt ermutigend zu begleiten.

Von einem Kranken kann ein tröstliches Licht ausstrahlen in seine Umwelt, wenn er seine Krankheit annehmen kann als die ihm zugemutete »Aufgabe und Arbeit«.

Der Arbeitslose, der mit zähem Lebenswillen nicht gelähmt resigniert, sondern sucht, wo er gebraucht wird, wo er sich sinnvoll einsetzen kann – er leistet Widerstand gegenüber dem Chaos. Auch wenn er weiterhin schmerzlich den befriedigenden Lohn entbehrt, er wirkt beispielhaft mit am Schöpfungsauftrag des Menschen! Sein Leben ist nicht sinnlos.

Was der alte Makarios erzählte

Vor Beginn des Tages hatte sich ein Teil der Gemeinde zum
Morgengebet zusammengefunden. Sie sangen, wie sie es
aus der Synagoge gewohnt waren, einige Psalmen und einen
neuen Hymnus. Sie lasen aus den Schriften. Sie beteten
miteinander, bevor jeder sein Tagewerk begann. Danach
blieben einige noch zusammen. Makarios erzählte:

Wir verstehen den Rabbi aus Galiläa besser, wenn wir
nicht nur auf die drei Jahre sehen, die er über die Straßen
Palästinas zog. Vorher lebte und arbeitete er unbekannt
dreißig Jahre als Handwerker. Deshalb gerade wollten viele
nichts von ihm wissen. Sie sagten: »Ist er nicht eines
Zimmermanns Sohn? Woher kommt ihm das alles?« Seine
Botschaft lebt aus den Erfahrungen seines Alltags. Er ist
kein Philosoph gewesen. Er hatte keine leichte Jugend. Er
wuchs nicht im Palast auf, unberührt von Krankheit, Alter
und Tod. Er war einer aus dem Volk, der alle Mühe des
täglichen Lebens kannte. Was er zu uns sagte, das sagte er
so, wie wir alle sprechen. Seine Beispiele waren Bilder
unserer Welt. Ich meine, man merkt, daß er eines Zimmermanns Sohn war. Ein Zimmermann arbeitet beim Hausbau.
Balken und Splitter kannte der Rabbi von seiner täglichen
Arbeit. Er wußte, bevor man baut, muß man die Kosten
überschlagen, ob man ausführen kann, was man plant.

Heute früh haben wir aus seiner Predigt auf dem Berge
gelesen. Ich weiß diesen Tag noch genau. Er hatte uns aus
unserer alltäglichen Arbeit herausgerufen. Wir waren mit
ihm durch die Dörfer gezogen. Er heilte die Kranken, er
sprach zu den Menschen. Dann hatte er uns mit auf einen
Berg hinaufgenommen. Von oben sahen wir weit über das
Land, über den See, die Ebene, die Straßen und Wege. Wir
sahen am Ufer die kleinen, geschäftigen Städte. Wir sahen
die Bauern auf dem Acker und die Boote auf dem Wasser.
Wir hatten einen weiten Blick. Auch seine Predigt war wie
ein weiter Blick, eine Wegweisung zum rechten Leben. Bis
heute ist sie mir ein Stachel, daß ich nicht so einfach
dahinleben kann. Zum Schluß faßte der Rabbi alles zusammen mit dem Bild vom Hausbau. Er sagte: »Wenn du das

tust, was ich dir sage, dann bist du wie ein Mann, der sein
Tun überlegt. Er wird sein Haus auf festem Grund bauen.
Bei Wolkenbruch und Sturm bleibt es stehen. Wer nicht tut,
was ich ihm sage, der gleicht dem Dummkopf, der auf Sand
baut. Wenn beim Sturzregen die Wasser über die Felsen
treten und der Sturm tobt, dann stürzt das Haus ein, und der
Schaden ist groß.«

Ich verstehe das so: Mit unserem ganzen Tun bauen wir
am »Haus unseres Lebens«. Auch mit unserer täglichen
Arbeit schaffen wir gleichsam mit an dem »Gehäuse«, das
wie eine »Haut« uns »umhüllen« soll und uns Gestalt gibt.
Aber Ziel der Arbeit an diesem Haus ist, daß wir darin
leben! Oft vergessen wir das. Die Mühe um unser tägliches
Brot kann uns erdrücken. Oft meinen wir, unser Schaffen,
der Gewinn, der dabei herausspringt, seien das Wichtigste.
Dann aber haben wir auf Sand gebaut. Der trägt das Haus
nicht, in dem Leben gelingen soll.

Makarios sah um sich und blickte jeden einzelnen an:
Brüder, wenn ihr jetzt an eure Arbeit geht, denkt daran:
Jeden Tag bauen wir am Haus unseres Lebens. Und Haus-
bau, das ist in aller Mühe doch eine freudige Sache.

Jesus sagt: Wo immer zwei sind, sind sie nie ohne Gott, und
wo immer einer alleine ist, so sage ich, bin ich mit ihm.
Wende den Stein um, und du wirst mich darunter finden,
spalte das Holz, und ich bin dort.

Ausserbiblisch überliefertes Jesus-Wort

Realitäten

Nach der ersten Morgenstunde gehört der Tag bis zum Abend der Arbeit. »So geht dann der Mensch aus an seine Arbeit bis an den Abend« (Psalm 104, 23).

Die Arbeit stellt den Menschen in die Welt der Dinge. Sie fordert von ihm das Werk. Dies befreit ihn zur Sachlichkeit. Das Werk kann nur dort vollbracht werden, wo der Mensch sich selbst vergißt. In der Arbeit lernt er, sich von der Sache begrenzen zu lassen. Das kann nur dort geschehen, wo er durch das »Es« hindurchbricht zu dem »Du« Gottes, der ihm das Werk befiehlt. Damit hört die Arbeit nicht auf, Arbeit zu sein. Aber zugleich ist die Einheit zwischen Gebet und Arbeit, die Einheit des Tages gefunden; denn hinter dem Es der Tagesarbeit das Du Gottes finden, das ist es, was Paulus »ohne Unterlaß beten« nennt. So reicht das Beten mitten in die Arbeit hinein.

DIETRICH BONHOEFFER (1906–1945)

Heute schlagen wir Christus wieder ans Kreuz. Wir schlagen die Schöpfung selbst ans Kreuz unserer Ängste und geben uns selbst damit den Tod. Wir meinen, uns absichern zu müssen mit Waffen, die den Erdball vernichten können. Wir vergessen um des heutigen Nutzens willen das zukünftige Leben. Die Wirtschaft muß wieder produzieren, ohne daß wir die Gefahren bedenken, die aus wucherndem Wachstum wachsen. Viele von uns sind mit ihrer täglichen Arbeit in diesen verhängnisvollen Kreislauf hineingenommen. Adam, der Mensch, fällt wieder heraus aus Gottes guter Schöpfungsordnung! Er zerstört, anstatt Gottes Welt zu bebauen und zu behüten!

AUS EINER KARFREITAGSPREDIGT 1983

Du Abglanz von des Vaters Pracht

Du Abglanz von des Vaters Pracht,
du bringst aus Licht das Licht hervor,
Du Licht vom Licht, des Lichtes Quell,
du Tag, der unsern Tag erhellt.

Du wahre Sonne, brich herein,
du Sonne, die nicht untergeht,
und mit des Geistes lichtem Strahl
dring tief in unsrer Sinne Grund.

Wir rufen auch den Vater an,
den Vater ew'ger Herrlichkeit,
den Vater, reich an mächt'ger Huld:
Er halte fern, was uns versucht.

Er stärke uns zum guten Werk,
er leite machtvoll unser Tun,
er sei uns Kraft in harter Fron
und lenke unsern schwachen Geist.

Und Christus werde unser Brot,
und unser Glaube sei uns Trank,
in Freude werde uns zuteil
des Geistes klare Trunkenheit.

Laß heut mit uns die Freude gehen,
daß Morgenlicht die Angst verzehrt;
den Glauben laß im Mittag stehen,
daß er der Nacht den Weg verwehrt.

Das Morgenrot steigt höher schon,
wie Morgenrot geh Er uns auf:
in seinem Vater ganz der Sohn
und ganz der Vater in dem Wort. Amen.

MORGENHYMNUS DES AMBROSIUS (339–397)

Mit andern Augen sehen

Morgen
9 Uhr

Der Zeiger der Uhr zeigt auf Neun

Einer führt ein Selbstgespräch: Was, es ist schon neun Uhr? Der Alltag läuft auf vollen Touren, aber – Gott sei Dank – überall gibt es »rote Ampeln« verschiedener Art, die zum Anhalten bringen. Kleine Wartezeiten, Pausen: Sie mit guten Gedanken füllen! Warum sich ärgern? Einmal abschalten, tief durchatmen.

Für die Hausfrau zum Beispiel ist der morgendliche Ansturm vorbei. Ist jetzt nicht Zeit für eine Teepause? Können die in einem Betrieb Arbeitenden nicht einmal aufstehen und hinausgehen? Eine Denkpause, damit der Zeiger am Kompaß des Tages wieder die Richtung weist!

Wie war das? Du wolltest versuchen, die täglichen Pflichten ein wenig anders zu nehmen: gesammelt bei den Dingen zu sein, die du gerade zu tun hast. Unwichtiges übersehen, kleinste Freiräume nutzen zu dem, was Freude macht, vom Alltag sich nicht gefangennehmen lassen. Erinnere dich: Hast du deinem Nachbarn schon zugelächelt und über dich selbst gelacht, anstatt dich zu ärgern?

Ja, anders leben, das gelingt nicht mit strengen Regeln und totaler Planung. Da vergeht dir schnell der Atem und die Freude. Nein, zuerst das kleine, alltägliche Tun mit Liebe, Bedachtsamkeit und ein wenig Humor verrichten, es mit anderen Augen sehen, dann könnte dein Tag heute gelingen!

Rabbi Elimelech sagte: »Gut ist es, wenn der Mensch bewirkt, daß Gott in ihm singe.«

Mit andern Augen sehen

In einem Brief aus einem anglikanischen Kloster lese ich:
Ich bin hierher gekommen, um das Geheimnis des Gebetes
besser zu erspüren. Zuerst aber habe ich ein Geheimnis der
Arbeit neu entdeckt. Morgens ist eine kurze Besprechung.
Danach beginnt die schweigende Arbeit. Und gerade sie hat
mich durch die ersten Wochen getragen und zur Stille
geführt. Es ist eine überraschende Erfahrung, wie dieses
einfache Tun zum inneren Gleichgewicht hilft.

Ich habe die wunderschöne Aufgabe, jeden Vormittag
Brot und Brötchen zu backen, alle von gleichem Gewicht
und gleicher Rundung, im mächtig großen Kohlenherd in
der kleinen Küche, direkt unter dem Kreuz. Alles Brot, für
den Alltag aus braunem Roggenschrot, wird selbst gebak-
ken. Das Teigbereiten, das Abwiegen, das Rollen der runden
Brötchen, das Ertasten der richtigen Wärme, das Abwarten
der Zeit ist ein wunderbar sammelndes, zur Behutsamkeit
führendes Tun. In den ersten Tagen, als ich in der Sorge um
das Gelingen übereifrig war, erhielt ich durch die verant-
wortliche Schwester eine gute Belehrung: »Sie müssen keine Angst darum haben, daß es ihnen nicht gut gerät. Der
Teig ist etwas Lebendiges, er geht von selbst auf. Man muß
dem Leben nur Raum geben; wenn man an sich und seine
Leistung denkt, beengt man das Lebendige und erstickt es.
Man muß nur ganz bei dem sein, was man unter den
Händen hat, dann gelingt es von selbst!«

Am Nachmittag arbeite ich im Garten. Wenn ich den
Boden bearbeite, dann denke ich, daß die Mönche einmal
mit ihrer Hände Arbeit Wildnis kultiviert haben. Alle Gäste
werden in diese Arbeiten einbezogen. Es ist eine Seite
kontemplativen Lebens. Es sind die einfachen Notwendig-
keiten, die das Leben ganz machen. Ich glaube, mir sind die
Augen für meinen Alltag geöffnet worden.

Das Märchen von Pechmarie und Goldmarie

Es war einmal ein Mädchen, das hieß Marie. Das wollte hinausziehen ins Leben. In der Nacht vorher stand eine Fee an ihrem Bett: »Marie, du ziehst hinaus ins Leben. Jeden Tag warten neue Möglichkeiten auf dich. Wähle selbst, womit du dein Leben füllst.«

Marie träumte: Ihre Mutter wünschte sich, daß ihre Tochter es besser haben sollte als sie. Deshalb erzählte sie ihr von der älteren Stiefschwester, die in den Brunnen gefallen war und von Frau Holle, der Hüterin des Lebens, mit Gold beschenkt wurde. Die Mutter wollte ihrem Kind dies Glück verschaffen. Da ging Marie zum Brunnen, sprang hinein, verlor die Besinnung und wachte auf einer Wiese wieder auf. Ohne sich umzusehen, ging sie hastig zu dem Haus von Frau Holle. Unterwegs rief der Apfelbaum: »Pflück meine Äpfel!« Und die Brote im Ofen baten: »Hol uns heraus!« Sie aber dachte berechnend: Nein, was habe ich davon? Es könnte mir etwas passieren, ich mache mich schmutzig. Nein, ich will mein Glück machen! Zielsicher ging sie an Frau Holle vorbei in das Haus. Dort aber hatte sie zu nichts Lust. Ihr Herz war eng, starr und arm geworden. Sie klebte fest an dem Wunsch, mehr zu erreichen als andere. Morgen würde sie gewiß erfolgreich sein! Als sie dann durch das große Tor wieder in die Welt zurückkehrte, fiel Pech auf sie herab. Ihr Herz war schwarz und schwer, sie sah alles schwarz. Die Menschen mieden sie, man klebte an dem Pech fest. Der Hahn am Brunnen flatterte ängstlich fort und rief: »Kikeriki, unsere pechschwarze Jungfrau ist wieder hi!«

So träumte die kleine Marie und weinte sehr. Da wurde ihr Herz wieder weit. Als sie erwachte, stand die Fee bei ihr: »Marie, ich gebe dir noch einen zweiten Traum. Jeden Tag warten neue Möglichkeiten auf dich.«

Marie träumte: Sie saß am Brunnen und spann. Als sie ihre blutig gewordene Spindel in das Wasser tauchen wollte, fiel sie selbst hinein, verlor die Besinnung und erwachte auf einer Wiese. Sie sah die Sonne am blauen Himmel. Sie erblickte die goldglitzernden Tautropfen im grünen Gras, die alle das Sonnenlicht widerspiegelten. Wie sie umherschauend über die bunte Wiese ging, hörte sie einen leisen Anruf: »Pflück meine Äpfel!« Sie blieb stehen, sah einen wunderschönen Apfelbaum mit reifen, rotgoldenen Äpfeln. Daran freute sie sich von Herzen. Sie roch den süßen Geruch, biß in eine Frucht und schüttelte den Baum, bis kein Apfel mehr dran war. Beim Weitergehen sah sie, wie Kinder lachend die Äpfel aufsammelten. Marie war glücklich! Sie hörte die Brote im Backofen rufen: »Hol uns heraus!« Sie blieb stehen, sog den Duft der goldbraunen Brote tief ein, griff zu und holte alle heraus. Unterwegs dachte sie an die Frauen, deren Brote nun nicht verbrannt waren, und freute sich darüber. Als sie zu Frau Holle kam, wurde sie ängstlich, denn die war alt und hatte große Zähne. Aber sie sah ihre gütigen Augen. Da bat sie, bei ihr bleiben zu dürfen, und ging flugs mit hinein. Es machte ihr Spaß, die großen Betten zu schütteln. Sie war gern bei der alten Frau, die erzählte ihr viele schöne Geschichten. Dann aber erinnerte sich Marie an Zuhause und bat, daß sie zurückkönne. Sie bedankte sich, Frau Holle brachte sie zum Tor der Welt. Da regnete Gold auf sie herab, ihr Herz war golden, und die Menschen freuten sich über den warmen Glanz, der von ihr ausging. Der Hahn lief ihr vom Brunnen entgegen und rief: »Unsere goldene Jungfrau ist wieder hi!«

Als Marie erwachte, fragte sie sich nachdenklich: Warum bin ich so glücklich? Dann dachte sie an den neuen Tag, der vor ihr lag. Sie freute sich auf ihn!

Was der alte Makarios erzählte

An einem Morgen ging Makarios hinunter zum Hafen. Die Fischer und ihre Frauen hatten versucht, ihren Fang zu verkaufen. Makarios setzte sich zu ihnen. Eine der Frauen sagte: Bruder Makarios, du mußt uns helfen! Wir haben uns gestritten. Ihr sagt, Jesus hat dazu aufgefordert, anders zu leben, Buße zu tun. Was heißt das für mich heute? Einige behaupten: Wir müssen diese vergehende Welt fliehen! Es ist unnütz, noch zu arbeiten und zu heiraten!

Lebhaft antwortete Makarios: Helena, vieles hat sich geändert seit meiner Jugend, aber wir haben damals ähnlich gefragt. Die Menschen fürchteten kommende Schrecken. Die einen verließen die Städte und zogen in die Wüste, um dort bereit zu sein für den kommenden Erlöser. Die anderen wollten die Römer vertreiben, dann würde alles besser! Einzelne suchten Rettung bei neuen Geheimreligionen. Aber die meisten dachten: Es hat doch alles keinen Zweck. Wir können nichts ändern! Essen wir, trinken wir, denn morgen sind wir tot!

Als Kind nahm man mich einmal mit zu Johannes in die Wüste. Der hat mich wachgerüttelt. Nachdem er ins Gefängnis geworfen war, machte ich mich auf, den Rabbi Jesus zu suchen. Von ihm hatte ich gehört, er sammle Jünger. Ich fand ihn in einer kleinen Stadt am See. Er saß mit vielen zusammen. Sie aßen und waren fröhlich miteinander. Ich sah Leute dabei, die mit den Römern zusammenarbeiteten, Dirnen und Gottlose, Reiche und Arme. Ich staunte. Ich dachte an Johannes, an diesen strengen Mann mit seinem Mantel aus Fell, mit seiner Nahrung von Heuschrecken und wildem Honig. So hatte ich mir Jesus vorgestellt und gewünscht. Ich war enttäuscht. Denn der schien auf Du und Du mit Römerfreunden und aß Brot und trank Wein. Mit der Zeit aber ging mir auf, warum Jesus anders war, warum die Menschen um ihn fröhlich waren. Johannes hatte die Menschen in ihrer Angst getroffen. Er rief: Ihr müßt euch ändern, sonst trifft euch das kommende Gericht. Und sie eilten hinaus zu ihm in die Wüste und ließen sich taufen, um gerettet zu werden. Jesus aber ging hin zu den Menschen

in ihrer Arbeit. Er sprach von Gott, dem Vater, der das Leben
will, der die Sonne aufgehen läßt über Gerechte und Unge-
rechte. Er sagte: Gott und sein Reich sind euch ganz nahe!
Gott sucht euch mit Liebe und Güte. Er will euch retten!
Darum: Denkt um, laßt euch verwandeln, dann wird sich
auch das Antlitz der Erde erneuern! Ich atmete tief auf. Das
befreite mich von Angst.

Das machte mich froh. Ich wußte: So kann ich ein
anderer sein, jeden Tag neu anfangen. Ich brauche nicht in
Angst auf das Kommende zu starren. Als ein Befreiter kann
ich anders leben – und das ist Buße tun, »umgekehrt« sein.
Zachäus blieb in seinem bisherigen Beruf, aber als ein
anderer. Die Fischer am See standen im Gehorsam auf,
ließen alles hinter sich, um mit Jesus zu ziehen. So verschieden kann das aussehen, das neue Leben mit Gott! Gott will
die Wandlung unserer Herzen. So ruft er jeden einzelnen. Er
wartet auf unser Ja.

Nach einer Weile stand Helena auf. Bruder Makarios,
ich freue mich, daß du mir so geantwortet hast. Ich habe
wieder Mut! Ich will meinen Tag mit anderen Augen sehen!

Erschien Johannes dem Volk als grimmiger Asket, in Über-
einstimmung mit seiner Botschaft vom kommenden Gericht als ein Trauergesang, so erscheint Jesus als ein Lied...
Jesus ist der Mensch, der an Gott selbst Freude erlebt. Auf
Grund dessen drückt die Herrschaft Gottes, wie Jesus sie
versteht, die Beziehung zwischen Gott und Mensch aus in
dem Sinn: »Wir sind einer des andern Glück.« Der Titus-
brief formuliert dies kernhaft sehr schön: »Erschienen ist
die Güte und der auf Menschlichkeit bedachte Gott.«
EDWARD SCHILLEBEECKX

Gedankensplitter

Du sagst, jedes Ding hat zwei Seiten!
Warum siehst du immer nur die eine, die schwarze?
SPRICHWORT

Ist das Leben arm? Ist nicht vielmehr deine Hand
zu klein, sind deine Augenlinsen trübe?
Du bist es, der wachsen muß!
DAG HAMMARSKJÖLD (1905–1961)

Die, welche dir die Nächsten und Liebsten sind,
erträgst du manchmal schwer.
Sei gewiß, es geht ihnen mit dir ebenso.
ERNST VON FEUCHTERSLEBEN (1806–1849)

Nichts ist mächtiger als die Güte.
Wie der Wasserstrahl ein Feuer löscht, so löscht auch
ein Wort, mit Güte gesprochen, brennenden Zorn.
CHRYSOSTOMOS (354–407)

Der Esel mit der Löwenhaut kam zu den Schlangen.
Stark bin ich. Wie werde ich klug? fragte er.
Häute dich, rieten die Schlangen.
Aber dann bin ich ja wieder der alte Esel.
Alle Klugheit, sagten die Schlangen,
beginnt mit der Selbsterkenntnis.
HELMUT ARNTZEN

Der Umkehrende wirkt mit an der Erlösung der Welt.
MARTIN BUBER (1878–1965)

Komm, Gott Schöpfer, Heiliger Geist

Das Gebet mitten am Vormittag (zur Terz) ist ein Bittruf
an den Heiligen Geist:
Ich breite meine Hände aus zu dir.
Meine Seele dürstet nach dir wie ein dürres Land.
Herr, erhöre mich bald, mein Geist vergeht.
Laß mich am Morgen hören deine Gnade,
denn ich hoffe auf dich.
Tu mir kund den Weg, den ich gehen soll,
denn mich verlangt nach dir.
Lehre mich tun nach deinem Wohlgefallen,
denn du bist mein Gott. Dein guter Geist führe mich!
AUS PSALM 143

Heiliger Geist, du Tröster mein,
hoch vom Himmel uns erschein
mit dem Licht der Gnaden dein.

O du selge Gnadensonn,
füll das Herz mit Freud und Wonn
aller, die dich rufen an.

Ohn dein Beistand, Hilf und Gunst
ist all unser Tun und Kunst
vor Gott ganz und gar umsonst.

Gib uns, Herr, wir bitten dich,
die wir glauben festiglich,
deine Gaben mildiglich,

gib ein heilges Leben hier,
gib, daß selig sterben wir,
gib uns ewge Freud bei dir.
MARTIN MOLLER (1547–1606) NACH DER PFINGSTSEQUENZ
»VENI SANCTE SPIRITUS« DES STEPHAN LANGTON (gest. 1228)

Leben
wie ein Baum

Morgen
10 Uhr

Der Zeiger der Uhr zeigt auf Zehn

Die Arbeit fordert unsere volle Konzentration. Es ist gut, wenn sie Freude macht und unsere inneren Kräfte wachsen läßt. Oft ist die Arbeit für uns zur Last geworden. Schnell sind wir ausgelaugt. Wir brauchen etwas, das unsere Kräfte erneuert. Wir möchten vertrauen lernen, daß im geduldigen und getreuen Vollzug des Alltags doch Frucht wächst.

Als Hilfe für den Alltag rät der Theologe W. Stählin: »Sieh ab und zu aus dem Fenster!« Sehen wir noch ein wenig Himmel, noch ein Stück lebendige Natur, ein wenig Gras, das im Frühjahr wieder grün wurde? Sehen wir die Zweige eines Baumes, dessen Knospen das kommende Wachstum anzeigen? Da wächst etwas, unscheinbar, geduldig und zäh. Da ist Geheimnis des Lebens. Wir brauchen solche heilenden und tröstenden Bilder, die tief in uns eindringen. Sie können unseren »seelischen Haushalt« im Gleichgewicht halten, Vertrauen wachsen lassen, Verschüttetes wecken.

Das Einfache verwahrt das Rätsel des Bleibenden und Großen. Im Unscheinbaren des immer Selben verbirgt es seinen Segen. Dem Heutigen fällt nur noch der Lärm der Apparate ins Ohr. So wird der Mensch zerstreut und weglos. Das Einfache ist entflohen.

Die Eiche aber sprach: Wachsen heißt, der Weite des Himmels sich öffnen und zugleich in das Dunkel der Erde wurzeln. Alles Gediegene gedeiht nur, wenn der Mensch beides ist, bereit dem Anspruch des höchsten Himmels und aufgehoben im Schutz der tragenden Erde.

MARTIN HEIDEGGER (1889–1976)

Leben wie ein Baum

Jeden Tag
Der Sonne sich hinhalten.
Ihrer Wärme sich lassen:
Annehmen.

Wurzeln
Im dunklen Humus des Tages,
Wurzeln in der Tiefe,
Dort ist Wasser.

Der Baum
Läßt sich Zeit:
Er wächst. Ja. Er wächst.
Auch in Dürre.

Begegnung
Unterm Blätterdach aufatmen.
Wasser für den Durstigen:
Weitergeben.

Der Baum
In Kälte und Sturm.
Ja. Er fällt –
Fällt wie wir.

Von dem Baum
Am Wasser des Lebens
Werden wir ernten
Mit Freuden.

Jeden Tag
Der Sonne sich aussetzen.
Wurzeln in der Tiefe –
Beim Wasser.

Ich sehe auf einen Baum

Aus dem Fenster sehe ich die Krone eines prächtigen Baumes. Seit Jahren lebe ich in Freundschaft mit ihm. Zum Einkaufen suche ich den kleinen Schlupfweg, der an ihm vorbeiführt.

Im Frühjahr glänzen seine prallen Knospen von einem schützenden, fein duftenden Saft. Sie sehen auf zum Licht. An den breiten Wurzeln blühen blaue Märzveilchen. Ein Zweig, ins Zimmer geholt, zeigt, wie die feinbehaarten, gefalteten Blätter sich langsam hervorschieben – und der ganze Frühling ist wie eine Verheißung im Raum.

Am schönsten ist der Baum im Frühsommer. Da trägt er ein licht-grünes Kleid und weiße, hohe Blütenkerzen. Verharrt man eine Weile, klingt es in ihm wie eine große Orgel: Tausende von Bienen in der mächtigen Krone summen ein Lied von Honig und Sonne. Inmitten der Häuser ist das Geschenk des Sommers lebendig. Im breiten Blätterdach singen die Vögel. Es beschützt bei Regen und Sommerhitze.

Aber der Herbst: Golden stehen die großen, gegliederten Blätter gegen den blauen Himmel. Zur Freude aller Kinder fallen die stachligen Fruchtständer nieder, platzen auf und lassen braun-glänzende Früchte frei. Zu Hause werden daraus Freudenbringer: Männchen und kleine Schiffe! Ich verhalte meine Schritte und sehe, langsam segelt ein goldenes Blatt nach dem anderen zur Erde: »Die Blätter fallen, fallen wie von weit...«

Und im Winter: Da zeigt der Baum seine edelste Gestalt: den mächtigen Stamm, die aufsteigenden Äste, die feinziselierten Zweige, die Knospen, die schon vom Frühling träumen. Gern gehe ich den Schlupfweg an der alten Kastanie vorbei. Jedesmal grüßen wir einander – wenn ich nicht blind und stumm vorbeihetze.

Viel zu wenig kenne ich die Bäume

Beuge dein Ohr an die atmende Erde
bette dein Herz zwischen Furche und Gras
leg deine Hand, daß sie fühlender werde
eng an der Halme verständliches Maß

Löse dich still von der Angst deiner Träume
siehe, das Bild der zersplitterten Stadt
wandelt sich gnädig im Leben der Bäume
formt sich getröstet in Blüte und Blatt

PAUL QUACK

Versäumnis

Viel zu wenig kenne ich die Bäume,
die vor meinem Fenster stehn und rauschen,
viel zu selten baun sich meine Träume
Nester – um die Winde zu belauschen,
und des Himmels Silberwolkenspiele
gehn vorüber, ohne mich zu trösten –
Ganz vergessen habe ich so viele
Wunder, die mir einst das Herz erlösten.

INA SEIDEL

Ein Dichter beschreibt die Schönheit eines Baumes,
die 365 verschiedenen Gesichter, in denen der Baum
im Ablauf eines Jahres seine einzigartige Schönheit
darstellt. So will er durch uns erfahren werden.
Alles ursprüngliche Gebet gehört in diesen inneren
Wachstumsprozeß, durch den wir für solche Erfahrungen
offen werden.

A. ECCLESTONE

Von den Wurzeln

Aus dem Fenster sehe ich auf die Krone einer großen Kastanie. Vor ein paar Jahren entstand neben ihr ein Neubau, ein grauer, klotziger Betonkasten. Die grüne Hecke wich einer Stützmauer, der Weg wurde asphaltiert, die Blätter sauber weggefegt. Eng um die Wurzel ist ein Betonrand gelegt. Kein Märzveilchen blüht mehr! Im Winter häuft man die versalzten Schneereste hoch um den Baum. Im Sommer aber fällt mir auf, daß sein Laub braun wird und abfällt. Da durchfährt mich ein Schmerz: Mein Freund, der Baum, ist krank. Seine Wurzeln sind vergiftet. Er wird sterben.

Wenn ich jetzt den Baum sehe, höre ich, wie er zu mir spricht: Du Menschenkind – sieh, was an mir geschieht. Lerne von meinem Schicksal! Oft hast du unter meinem Blätterdach Schutz gesucht und meine Früchte für dich gebraucht. Aber du hast vergessen, daß ein Baum nur leben kann, wenn seine Wurzeln ihn aus tiefem, feuchtem Humus nähren. Du hast nicht mehr nach den Wurzeln gefragt! Die Wurzeln nennt der Lateiner »radix«. Menschenkind, wenn du nach den Wurzeln deines Lebens fragst, dann fragst du radikal nach der Basis, die dich trägt! Was sind die Wurzeln deines Lebens? Nach welchem Menschenbild lebst du?

Die Bibel sagt: Gott schuf den Menschen, Adam, den Erdgeborenen (adama = die Erde). Er stellte ihn in den Garten Eden, damit er ihn »bewahre und bebaue«. Er übertrug ihm die Verantwortung über die Erde und alle Kreaturen. So schuf er ihn zu seinem Ebenbild, und er soll dem entsprechen, wozu er geschaffen ist: Leben hegen, Wachsen ermöglichen, der Vielfalt Raum geben!

Anfragen

Ist die Zerstörung der Natur Abbild geistiger Entwurze-
lung? Hat der Mensch das Wissen um seine Bestimmung,
seine geschichtliche Herkunft vergessen? Zerstört er darum
jetzt auch seine biologische Zukunft?

Warum wandern junge Menschen nach Indien oder Pe-
king, wenn sie sich selbst finden wollen und nach Sinn
suchen? Sind hier die Quellen versiegt?

Mitmensch und Bruder sein, gleiches Recht und Selbstbestimmung, Innerlichkeit, Freisein und Verantwortung
tragen – sind das noch lebendige Grundwerte? Benutzen wir
sie nicht gedankenlos, ohne um die Wurzeln zu wissen, aus
denen sie wuchsen, ohne uns um Verwirklichung zu bemühen?

Beim Eintritt in die Europäische Gemeinschaft fragte
Griechenlands orthodoxe Kirche: Hat dieser Zusammen-
schluß nur wirtschaftliche und militärische Ziele? Erinnern sich die Europäer daran, daß sie eine gemeinsame
Geschichte hatten und deshalb einen Auftrag in der gegen-
wärtigen Orientierungslosigkeit?

Sensibel

ist die erde über den quellen: kein baum darf
gefällt, keine wurzel
gerodet werden
Es sei
bei strafe des versiegens
Wie viele bäume werden
gefällt, wie viele wurzeln
gerodet
in uns

Reiner Kunze

Was der alte Makarios erzählte

Aus der lauten und heißen Stadt Antiochien mit ihren fast 500 000 Einwohnern war Makarios hinausgewandert. Vor der Stadt traf er Freunde, die auf den Feldern gearbeitet hatten und die nun unter einer großen Platane rasteten. Müde und erschöpft, nicht nur durch Arbeit. Sie fragten: Hat es überhaupt Sinn, sich zu mühen? Wozu das alles? Wird diese Welt bald vergehen? Sie klagten: Wir haben oft kaum Kraft durchzuhalten!

Makarios begann zu erzählen: Oft blieb der Rabbi bei seinen Wanderungen stehen. Er sah um sich, er sah. Wenn er dann sprach, erzählte er von dem, was er gesehen hatte. Von dem Mann, der ausging zu säen, von der Frau, die ihren Groschen verlor, von dem Baum, der gute Früchte trug. Dabei wurde das, was wir alle täglich sehen, für ihn zum Hinweis, zu einem Gleichnis seiner Botschaft.

Während ihr spracht, sah ich auf die Weinstöcke, an denen jetzt die Trauben reifen. Wie kann der Rebstock im trockenen Land das Wasser aus der Tiefe holen? Und verwandelt er nicht gleichsam alle herbe Kraft des Bodens in Süße? Danach erduldet die Rebe die Pressung der Kelter, die lange Wartezeit im dunklen Keller, bis der Wein herangereift ist zum Becher der Freude, den wir trinken.

Ihr spracht davon, daß ihr oft nicht mehr glaubt, daß aus eurer Mühe Frucht wächst, daß unter der Last des Daseins das Leben erstickt. Wir brauchen die Geduld des Wachsens und Reifens. In uns muß sich etwas wandeln, damit aus Bitterkeit Süße wird. Wie soll das geschehen? Ich denke daran, daß auch unser Rabbi vom Weinstock gesprochen hat: Ich bin wie ein Weinstock, mein Leben gleicht einem Weinstock. Ihr meine Freunde seid so eng verbunden und eins mit mir wie die Rebe mit dem Weinstock. Ich bin in euch und ihr seid in mir. Ich habe euch gerufen, damit ihr Frucht bringt! Durch euch soll die Botschaft von dem Gott, den wir lieben können wie einen Freund und Vater, zu den Leuten kommen, die oft so hoffnungslos sind. Seht auf die Reben am Weinstock! In sie strömt der lebenspendende Saft. Er strömt ihnen aus dem Weinstock mit seinen tiefen, weiten Wurzeln zu. Sonst vertrocknen sie. Sie brauchen den Schnitt des Weingärtners. So werden sie voll von süßem Saft.

Nach einer Weile fuhr Makarios fort: Christus hat in allem, was geschehen ist, auf die Stete der Liebe Gottes vertraut. Wenn diese Kraft in uns lebendig ist, dann kann unser Leben gelingen. Davon können wir weitergeben.

Im Bild des Weinstocks liegt mehr, als ich es sagen kann. Alle Wurzeln, jede Frucht, ein Schluck Wein, jede Traube – sie erinnern mich daran, daß Christus sagt: Ich bin der Weinstock.

Die Männer schwiegen. Sie sahen über das Land auf die Weinfelder. Sie hörten auf das Rauschen der alten Platane.

Unfruchtbar ist der Mensch,
der sich in seinem Herzen von Gott abwendet.
Der wird sein, wie ein Dornstrauch in der Wüste
und wird nicht sehen den Trost, der da kommt.
Er wird bleiben in der Dürre der Wüste,
im unfruchtbaren Land, wo niemand wohnt.

Gesegnet ist der Mensch,
der mit seinem Herzen Gott anhängt.
Der ist wie ein Baum, am Wasser gepflanzt,
der seine Wurzeln zum Bach hinstreckt.
Denn obgleich die Hitze kommt,
fürchtet er sich doch nicht,
denn seine Blätter bleiben grün.
Denn Du, Gott, bist unsere Hoffnung.

AUS JEREMIA 17

Wenn wir einen Baum ansehen

Wenn wir einen Baum ansehen, so finden wir an ihm Stamm, Zweige, Blätter und Früchte; was wir nicht sehen, ist die unter der Erde verborgene Wurzel, woraus der Baum gewachsen ist, worauf er steht. Also ist auch, was wir in der Welt sehen, Himmel, Erde und die unterschiedlichen Geschöpfe; was wir aber nicht sehen, ist Gott, das verborgene und unseren Sinnen unbegreifliche Wesen, ohne welches die Welt unmöglich bestehen kann, auch keineswegs hat entstehen können.

Also wachsen alle Dinge aus Gott; doch immer eins aus dem andern, gleichwie die kleinste Blüte am Baum nur aus der Wurzel Kraft und Leben haben kann. Es bestehen aber alle Dinge in Gott wie ein Baum durch seine Wurzel. Wenn sie aufhört, den Baum zu halten und ihm Feuchtigkeit darzureichen, so fällt er um und verdorrt. Also ist diese Welt nichts anderes als ein sichtbarer Schatten des unsichtbaren Gottes und ein sichtbares, in dem Spiegel unserer Augen sich abglänzendes Bild.

J. A. COMENIUS (1592–1670)

Das altdeutsche Wort für Baum ist verlorengegangen. Wir finden es noch in den Schlußsilben mancher Eigennamen: Zeder, Rüster, Holunder, Wacholder und in den Bezeichnungen für hölzerne Behälter, wie Trog und Truhe. Es entspricht dem englischen Wort für Baum: »tree«. Unsere Worte: »Treue, Vertrauen, trösten, getrost sein« sind aus dieser Wortwurzel entstanden. So heißt denn »treu sein« beständig, zuverlässig sein wie ein Baum. »Vertrauen« aber läßt uns wachsen, wie ein Baum wächst. »Trösten« kann der, der gleichsam unter einem breiten Blätterdach Bergung gibt.

Beuge, hoher Baum, die Zweige

Beuge, hoher Baum, die Zweige,
werde weich an Stamm und Ast,
denn dein hartes Holz muß tragen
eine königliche Last,
gib den Gliedern deines Schöpfers
an dem Stamme linde Rast.

Heilig Kreuz, du Baum der Treue,
edler Baum, dem keiner gleich,
keiner so an Laub und Blüte,
keiner so an Früchten reich:
Süßes Holz, so süße Nägel,
welche süße Last an euch.

Du allein warst wert, zu tragen
aller Sünden Lösegeld,
du, die Planke, die uns rettet
aus dem Schiffbruch dieser Welt.
Du, gesalbt vom Blut des Lammes,
Pfosten, der den Tod abhält.

Beuge, hoher Baum, die Zweige,
werde weich an Stamm und Ast,
denn dein hartes Holz muß tragen
eine königliche Last,
gib den Gliedern deines Schöpfers
an dem Stamme linde Rast.

KREUZES-HYMNUS DES FORTUNATUS (ca. 536–ca. 610)

Er, des Zimmermanns Sohn, richtete sein Kreuz auf über
dem Abgrund des Todes und trug das Menschengeschlecht
hinüber in das Haus des Lebens.
Ehre sei Dir Herr! Du hast Dein Kreuz gezimmert als Brücke
über den Abgrund!

EPHRAIM DER SYRER (306–373)

Eine Mitte haben

Mittag
11 Uhr

Der Zeiger der Uhr zeigt auf Elf

Unaufhaltsam sind wir eingebunden in das Rad der Zeit.
Unsere Tage bewegen sich Stunde um Stunde, vom Morgen
zum Abend, vom Abend zum Morgen. Die Zeit läuft ab, oft
ohne daß wir es merken. Wir können sie nicht aufhalten.
Zwischendurch nur schrecken wir auf: Was, schon so spät?
Schon wieder Weihnachten? Es war doch gerade Sommer!
Bei einem Abschied fragen wir uns: Haben wir die Zeit
genutzt, die wir hatten?

Wir alle leiden an dem Verfliegen der Zeit. Wir leiden
unter der Unruhe. Wir möchten herauskommen aus diesem
kreisenden Rad. Wir möchten das mitten in unserem Alltag, dessen Aufgaben uns ständig fordern. Wie kann das
gelingen? Können wir das Rad der Zeit anhalten?

Über Tag bin ich gefordert, nach außen hin zu reagieren.
Ich muß bereit sein für alle Anforderungen.
Aber ich frage mich im Rad der Zeit:
Wovon werde ich gelenkt? Von außen? Von innen?
In aller Unruhe aus mir selbst heraus zu leben,
das gelingt nur, wo ich eine Mitte habe –
wo ich auf einem Grund ruhe, der zuverlässig ist.
Wenn ich auf allen Wegen erfahre, unverlassen zu sein,
dann kann ich mich selbst lassen, mich überlassen,
dann bleibe ich im Rad der Zeit – dennoch gelassen.

Gott, du aller Schöpfung geheime Kraft.
Du selber ruhst, bist aller Bewegung Grund.
Durch allen Wechsel dieser Zeit,
vom Morgenlicht, zum Abendglanz:
Du lenkst den Tag!
AMBROSIUS (339–397)

58

Eine Mitte haben

Da hängt ein Bild an der Wand. Pferde ziehen
einen Erntewagen. Wir sehen auf ein Rad.
Von der Mitte geht jede Speiche nach außen.
Von außen führt jede Speiche zur Mitte hin.
Je näher die Speiche dem Mittelpunkt,
desto ruhiger ist ihre Bewegung,
desto näher ist sie mit der nächsten Speiche verbunden.
Je weiter die Speiche von der Mitte entfernt ist,
desto schneller ist ihre Drehung,
desto weiter entfernt sie sich
von der benachbarten Speiche.
Sinnbild unseres Lebens!
Das Leben verläuft in der Spannung von Ruhe
und Bewegung,
von dem Sein in der Mitte
und der Existenz nach außen.
Wie finden wir im Rad der Zeit ein Gleichgewicht?
Wie finden wir Verbundenheit mit unserem Nächsten?
Wo finden wir den Mittelpunkt unseres Selbst?
Wenn wir in der ruhigen Mitte
unseres Inneren sind,
in Stille und Geborgenheit,
ruhen wir in uns selbst,
und der Mensch neben uns ist uns nah.
Und wenn wir in der Mitte unseres Lebens sind,
sind wir in der Mitte von Ursprung und Ziel:
in Stille und Geborgenheit – in Gott.

Ein Herze, das zu Grund Gott still ist, wie er will,
wird gern von ihm berührt, es ist sein Lautenspiel.
ANGELUS SILESIUS (1624–1677)

Vor einer brennenden Kerze

Sonnabendmorgen. Ich eile geschäftig hin und her, tue die nötigen Arbeiten. Da fällt mein Blick auf eine Kerze, die in einer stillen Ecke brennt. Halb vergessen, halb gewollt. Ihr leises Licht erhellt an diesem grauen Morgen den Raum: »Danke, liebes Licht«, denke ich, »du erinnerst mich!« Gerne würde ich mich vor die Kerze setzen, die Zeit vergessen, still werden, zu mir selbst kommen, beten. Aber mein Alltag fordert mich! Wie kann ich in ihm das Gleichmaß bewahren?

Ich habe Orte der Stille kennengelernt. Einkehrhäuser, Kommunitäten und Klöster wurden mir zu Lehrmeistern, im wirren Rad der Zeit die Mitte zu finden. Ich wünschte mir, auf diesen »Inseln« leben zu können, um ein Gegengewicht gegen die zentrifugalen Kräfte unserer Welt zu haben. Jede Rückkehr ins alltägliche Getriebe fiel schwer. Es belastete mich, die »Regeln geistlichen Lebens«, die dort in der vorgegebenen Ordnung hilfreich trugen, nicht einhalten zu können.

Wieder sehe ich auf das Licht der Kerze, dieses Sinnbild des Betens. Ihr aufsteigendes Leuchten, der Lichtkreis, der sich um sie bildet, erinnert an das Zentrum des Daseins, an das »Ewig-abendlose-Licht«. Der orthodoxe Christ betritt gern eine Kirche, zündet dort eine Kerze an und geht wieder hinaus in seinen Alltag. Dabei trägt er das Wissen mit sich: In der Stille dieses Raumes brennt mein Licht weiter. Ein Stück von mir selbst ist dort, geborgen, hineingenommen.

Wieder sehe ich auf die Kerze in dem dämmerigen Raum. Der Lichtkreis um den schwarzen Docht erinnert mich an die Form der Schneekristalle, der Sonnenblumen, an weiße Pusteblumen auf einer Wiese. Er erinnert mich jetzt an Nabe und Speiche im Rad. Und ich weiß, nicht die von mir äußerlich festgesetzte Regel hilft zum Leben aus der Mitte. Auf andere Weise muß ich als »Weltmensch« mitten im Alltag versuchen, eine verwandelte Haltung einzuüben, die der in den Klöstern gelebten Form verwandt ist. Ich frage mich: Ist nicht in jedem von uns eine verborgene Mitte, so still wie das Licht einer Kerze, das wärmt und erhellt? Diese Mitte muß ich wahrnehmen. »Zu dir hin hast du uns geschaffen, o Gott, und unruhig ist unser Herz in uns, bis es ruhet in dir!«

Was geschieht von da aus? Alles, was ich erlebe, all mein Alltag, kommt aus dieser Mitte und führt zu ihr hin. Wenn Christus Anfang, Mitte und Ziel aller Schöpfung ist, dann ist diese Welt von seiner Offenbarung her gezeichnet: »Geordnet in geheimnisvolle Ordnung.« Damit ins Gespräch kommen, aus der Mitte leben heißt, sich eingefügt wissen in das Ganze. Es ist offenes, horchendes Leben: Die leisen Signale aus der unsichtbaren Wirklichkeit in allem wahrnehmen und darauf antworten.

So sehe ich in meiner Arbeit auf das Licht der Kerze: »Danke, liebe Kerze, deinen Anruf zu Stille und Frieden möchte ich hören!«

Liefere dich nicht ganz
und nicht ständig
dem Tätigsein aus,
sondern widme dazwischen
der Betrachtung ein Stück
von deinem Herzen und deiner Zeit.

BERNHARD VON CLAIRVAUX (1090–1153)

Was der alte Makarios erzählte

Einmal überquerte Makarios den von Menschen wimmelnden Marktplatz, um eine junge Frau zu besuchen, deren Gesicht unruhig und bekümmert ausgesehen hatte. Als er in ihr Haus kam, klagte sie sogleich: Das Geschäft, die Kinder, die vielen Besucher, all das raubt mir die Zeit. Außerdem möchte ich noch für meine alte Nachbarin sorgen. Aber ich weiß nicht, wie ich fertig werden soll! Die Frau sprang auf, ging zum Herd, wischte dann Staub vom Tisch und setzte für Makarios einen Trank auf das Feuer. Der wehrte ab. Sie kam zurück. Unruhig griff sie nach ihrem Kleid. Sie klagte: Mein Mann und meine Kinder verstehen mich nicht. Sie sagen, ich hätte nie Zeit für sie. Aber sie wissen nicht, was ich alles zu tun habe!

Makarios fragte sie: Bist du eigentlich glücklich, Phönike? Nein, rief sie, ich bin nicht glücklich! Makarios fragte weiter: Weißt du, warum du nicht glücklich bist? Nein, antwortete sie, wie sollte ich glücklich sein bei all den Sorgen? Makarios griff nach ihrer Hand: Schwester, bleib bei mir sitzen einen Augenblick lang, laß uns miteinander sprechen. Kennst du die Geschichte, wie Jesus bei Maria und Martha einkehrte? Lukas erzählt sie, nachdem er vom barmherzigen Samariter berichtet hat. – Ach ja, antwortete Phönike: Sagt da Jesus nicht ein scharfes Wort gegen Martha, die für ihn das Essen bereitete und bei Tische diente? Lobt er nicht Maria, die faul und selbstsüchtig nur dasaß und zuhörte? Aber es gehört sich doch, daß man den Gast bewirtet! Makarios erwiderte: Vielleicht kann man die Geschichte so sehen, wie du es sagtest. Aber zu mir hat das Wort gesprochen, das Jesus Martha sagte: »Martha, dich bekümmert vieles, und du läßt dich davon unruhig machen! Aber nur eines ist nötig!« Damals, nach Ostern, ging es mir ähnlich, wie es dir jetzt geht. Immer war ich von meinen Aufgaben getrieben. Ohne es zu merken, stand ich in der Gefahr, meine Mitte zu verlieren. Da hab ich mich daran erinnert, wie der Rabbi Jesus war, als er mit uns über Land zog. Der lebte Stunde um Stunde im Vertrauen, darum hatte er Zeit. Die Erinnerung daran hat mir geholfen!

Viel später habe ich Martha besucht. Sie war eine alte Frau geworden. Sie saß vor mir mit weißen Haaren und einem runzeligen, fröhlichen Gesicht. Sie sagte: Weißt du, Bruder Makarios, das Wort von Jesus: »Wenig ist nötig – nur eines«, das hat mich damals richtig umgedreht. Es hat mich fröhlich gemacht und von meiner Unruhe befreit. Plötzlich fühlte ich mich nicht mehr getrieben. Ich konnte nein sagen, wenn ich spürte, ins Vielerlei verstrickt zu werden. Ich wußte: Ja, es ist wahr! Wirklich nötig und wichtig ist wenig. Letztlich nur eines: Mich jetzt in diesem Augenblick mit all meinen Sorgen Gott anzuvertrauen!

Phönike saß still. Sie sah Makarios an: Hab Dank, Bruder, daß du gekommen bist! Ich will darüber nachdenken! Makarios ging zurück in seine Hütte. Er sah die Vögel und die Lilien auf dem Feld.

Der ruhige Gott macht alles ruhig.
BERNHARD VON CLAIRVAUX (1090–1153)

In Zeitnot geraten wie in ein Netz
ist der Mensch,
atemlos hetzt er durch sein Leben
und wischt sich den Schweiß.
Ein Fluch des Jahrhunderts
ist diese Eile.
Begreife, wie kläglich der ist,
der dahineilt, ohne Besserung,
wie groß der ist,
der innehalten konnte.
Den Staub aller Eitelkeiten fege ab,
die Ewigkeit laß dir endlich wieder
in den Sinn kommen!
JEWGENIJ JEWTUSCHENKO

Einer hetzt sich ab

Wie soll ich das alles nur schaffen? Von den Tagen vorher bin ich müde und belastet. Zu allem, was ich erledigen muß, kommt noch so viel Unvorhergesehenes! Das macht mich ganz kribbelig! Ich schaffe es nicht! Aber ich muß!

Ich hetze hin und her und fühle mich wie von einer Pechsträhne verfolgt. Mir fällt etwas aus der Hand, es muß aufgeputzt werden. Als ich eilig den Mantel anziehen will, springt ein Knopf ab. Ich kann nicht mehr!

Um Luft zu holen, setze ich mich atemlos einen Augenblick hin. Aber da fällt mir ein, daß ich etwas Dringendes vergessen habe: Dieser Telefonanruf, diese Rechnung! Schon springe ich auf – ohne Plan, gehetzt.

Da spüre ich: »Halt! So darfst du nicht weitermachen!« Ich bleibe sitzen, versuche tief und ruhig zu atmen. Die vibrierende Unruhe in mir – ich nehme sie wahr. Ich lasse sie ausklingen.

Mir fällt das Bild vom Rad ein. Seine Mitte ist in Ruhe. Einen Augenblick diese Ruhe verspüren. In der Mitte verweilen. Abstand gewinnen zu den bedrückenden Alltäglichkeiten. Gelassenheit geschenkt bekommen. Dankbar aufatmen.

Augustin sagt: »Tiefe Ruhe ist in Dir!«

Jetzt langsam, bedacht, geplant handeln. Es gibt gute Worte für solche Situationen:

»Wer's eilig hat, der mache es langsam! Ein Berg ist nur mit kleinen Schritten zu besteigen!«

Ich bin ruhig!

Das Rad der Welt

So ist auch das Rad der Welt: Desselben Zentrum ist der von Ewigkeit bis in Ewigkeit bestehende, unsichtbare Gott. Der, als er sich sichtbar machen wollte, einen unsichtbaren Kreis um sich gemacht hat, nämlich diese Welt, und denselben mit mancherlei Geschöpfen angefüllt, welche alle aus ihm als ihrem Zentrum kommen.

Wenn sich das Rad dreht, so dreht es sich um sein Zentrum, welches unbeweglich in der Mitte stehen bleibt. So dreht sich auch das Rad der Welt beständig und ohne aufzuhören. Gott aber als sein Zentrum bleibt unbeweglich in seinem Wesen.

Stehen wir in Gott, so haben wir in ihm Frieden und Sicherheit; neigen wir uns aber von ihm zu den Geschöpfen, so finden wir nichts als Unfrieden und Zerstreuung und Verwirrung.

Also ist die Welt nunmehr einem Wagen gleich, der den Berg abläuft und seinen Führer verloren hat, daß daher seine Räder voneinander gerissen und alles mit Ungestüm in Stücke bricht, zerfällt und zerschmettert wird.

Zuletzt sind wir uns selbst das verdrehteste Rad, wegen der unaussprechlichen Unbeständigkeit und Verwirrung unserer Gedanken und Verrichtungen, wie Sirach spricht (33,5): »Das Herz des Narren ist wie ein Rad am Wagen, und seine Gedanken laufen um wie die Nabe«; wer will dieses verneinen?

J. A. COMENIUS (1592–1670)

Die Höhe des Tages

Mittag
12 Uhr

Der Zeiger der Uhr zeigt auf Zwölf

Zufällig fällt mein Blick auf die Uhr. Der Stundenzeiger
steht auf Zwölf, der Minutenzeiger ist unmittelbar davor.
Das Auge folgt dem Sekundenzeiger. Er steigt auf, erreicht
die Höhe. Einen Moment decken sich die Zeiger.

Dann beginnt der feine dunkle Strich wieder abzusin-
ken. Die Höhe des Tages – ein Augen-Blick – ist überschritten. Die Sonne stand im Zenit. Nun neigt sie sich dem
Abend zu. Unaufhaltsam läuft die Zeit. Das Auge hat ihr
Fortschreiten wahrgenommen. Einen Augenblick spüre ich
den eigenen Herzschlag, ein Stocken des Atems... Ein
ferner Glockenschlag klingt durch den Lärm des Verkehrs!
Und ich werde der Zeit entnommen.

Was rührt mich an? Ist es das Mittagsgeläut aus Kindertagen, das über weite Felder klingt? Ich sehe den Bauern vor
mir, wie er Pferd und Pflug anhält, die Mütze vom Kopf
nimmt: Das Angelus-Läuten ruft zum Gebet...

Woran erinnert der Glockenschlag? Liege ich in der
Mittagsstille in warmer, sonniger Heide und lausche auf das
Geläut der Dorfkirche?

Wohin holt mich der Glockenschlag? In die Mittagsstille im Süden, wenn Schaf- und Ziegenherden läuten, der
Wiedehopf ruft, blühende Kräuter duften und ferne Inseln
im blauen Meer verschwimmen? Plötzlich bin ich mitten
aus dem Lärm des Alltags in eine offene Stille hineingenommen – als ob mich die Flöte des Pan verzaubert hätte... Was
ist die Zeit? Der Augenblick? Ist er zu messen mit dem
Zeiger der Uhr?

Da donnert ein tieffliegendes Flugzeug vorbei. Der All-
tag ist wieder da. Der Zeiger der Uhr läuft weiter. Nur
Sekunden sind vergangen... Ich stehe auf und gehe zum
Essen.

Die Höhe des Tages – ein Augenblick

Mittagshöhe. Noch trägt die Luft etwas Unverbrauchtes in sich. Noch sind unsre Kraftreserven nicht ganz verbraucht. Höhe des Lebens, wenn wir die Schatten des Abends noch nicht fürchten. Weisheit wächst uns zu, wo wir um das Sinken der Sonne wissen, wo wir erfuhren: Die Zeit, die wir haben, ist begrenzt. Das kann unseren Willen wecken, unsere Lebenszeit nicht zu verschwenden. Der Augenblick wird kostbar.

Wir sind eingebunden in die Zeit. Die Uhr zeigt ihr Fortschreiten an. Sie bestimmt unser Tempo: Jetzt muß ich aber... Wir hetzen der Zeit nach – und klagen: Leider habe ich keine Zeit! Leben wir so am Augenblick vorbei? Uns zu eigen ist nur die Gegenwart. Für das Heute offen zu sein ist der Rat der Weisen: Du kannst dein Leben nicht verlängern, nur vertiefen! Erfüllte Zeit wird eine Perlenkette von Augenblicken.

Unser Uhrzeiger zeigt nicht, wie wir Zeit erleben. Es gibt Stunden, die lähmend nicht enden wollen: Stunden der Schlaflosigkeit, der Angst, Stunden der Leere, der vertrödelten Zeit, die einen faden Geschmack hinterläßt. Und – Gott sei Dank! – es gibt Stunden, tief erlebt und voll gefüllt, wo wir erfahren: Das Leben lohnt sich, es ist tief, tiefer als wir je gedacht! Es gibt Stunden der Liebe, in denen zwei miteinander eins werden und Zeit und Raum versinken.

Und dann sind mitten im Alltag Augenblicke, in denen wir wie ein Vogel aus dem Käfig entflogen, von Flügeln getragen, frei sind. Wo Vergangenes und Zukünftiges gegenwärtig ist... Und tieferes Geheimnis: Wenn Zeit stillsteht, Ewiges unser Leben anrührt...

Helfen solche Erfahrungen, unseren Alltag aufzubrechen?

Der Kranich, den ich wie einen Bruder liebte

Ein Waldarbeiter hatte ihn gefangen. Er lebte in unserem Garten; und auch im Garten Eden konnten Mensch und Tier nicht zärtlicher zueinander gewesen sein als wir beide. Jeden Morgen brachte ich ihm kleine Fische, und er nahm seine Speise aus meiner Hand. Wir erwachten, wenn die Sonne aufging, und begrüßten einander. Ich ging vom Hof, und er stand am Zaun und klagte seine Einsamkeit. Ich kam wieder, und seine herrlichen blaugrauen Schwingen schienen mich umarmen zu wollen. Aber um die Mittagsstunde waren wir der großen Einheit am nächsten. Ich lag auf dem Rasen und rief nach ihm. Er kam und spielte mit meinen Händen. Dann trat er zwischen meinen linken Arm und meine Brust. Er blickte sich noch einmal um mit seinen wundervollen Augen, denen nichts entging. Dann ließ er sich in die Knie sinken. Noch einmal hob sich sein schlanker Hals, als müsse er nach seinen Feinden sehen. Dann legte er sich nieder, so daß sein Leib zwischen meinem Arm und meinem Herzen lag, und verbarg seinen Kopf an meiner Brust. Ein leise träumender Ton kam unaufhörlich aus seiner Kehle, unsäglich geborgen und glückselig. Meine Hand strich über sein bläuliches Gefieder wie über die Wangen eines Kindes. Sein Auge öffnete sich noch zuweilen und blickte mich an, und dann schliefen wir ein, während die Bienen über uns summten und der Pirol vom Walde rief. – Mir aber ist, als wäre ich dem Herzen Gottes niemals näher gewesen als in den Stunden, als er an meinem Herzen lag, als hätte dieselbe Mutter uns geboren … Als ich wiederkam, war der Kranich nicht mehr da: verkauft. Sicherlich war es geschehen, um Geld für mich zu verdienen. Ich verstand das nicht. Ich verstand nur, daß er fort war und daß Garten, Feld und Wald leer waren ohne ihn.

ERNST WIECHERT

Ein Augenblick Stille

Ein Augenblick Stille,
Jahrtausende weit,
Zur Minute gerinnt
Die flutende Zeit.

Ich schaue das Leben
Gebannt im Kristalle,
Dunkles Insekt
In der Bernsteinfalle.

Von der Zeit in den Raum
Nur ein Vertauschen,
Neben Motoren
Farnwälder rauschen.

Alles ist damals
Und zugleich hier –
Das Unergründliche
Hebt das Visier.

ODA SCHÄFER

Einer, der Monate in einem Trappisten-Kloster
weilte, schreibt in sein Tagebuch:
Es ist für mich unmöglich, künftig zu leben,
ohne mich an den Schimmer der Güte Gottes zu erinnern,
der mir in meiner Einsamkeit aufgegangen ist;
an den Lichtstrahl,
der in meine Dunkelheit gedrungen ist;
an die zarte Stimme,
die in mein Schweigen hinein gesprochen hat;
an die sanfte Brise,
die mich in meinen stillsten Stunden angerührt hat.

HENRI I. M. NOUWEN

Die Legende vom Mönch zu Heisterbach

Im Kloster Heisterbach bei Bonn lebte zur Zeit des Kaisers Friedrich II. von Hohenstaufen ein Mönch, der wegen seiner Gelehrsamkeit berühmt war und alles zu erforschen suchte. Dabei geriet er in Zweifel und große Unruhe. Da sagte eines Tages sein Abt zu ihm: »Bruder Ivo, alles Wissen macht noch längst nicht weise. Was nützte es dir, wenn du die ganze Welt begriffest und nähmest doch Schaden an deiner Seele?« Betroffen schwieg der Mönch. Er war verstört. Er hatte die Einfalt des Glaubens, das unwissende Vertrauen auf Gott verloren. Um diese Zeit beteten die Mönche im Chor das Psalmwort: »Tausend Jahre sind vor dir wie der Tag, der gestern vergangen ist, und wie eine Nachtwache!« Da fuhr der Zweifel wieder neu in ihn: »Wie kann die Zeit vor Gott in Nichts vergehen?« Grübelnd verließ er das Kloster und ging in den Wald. Er sann über die Zeit, über das Geheimnis Gottes nach. – Und Gott, dessen liebste Söhne vielleicht gerade jene sind, die sich schwermütig in der ungeheuren Welt seiner Rätsel verlieren, um endlich Heimweh zu spüren nach der Liebe des Vaters – Gott also lächelte jetzt wohl und führte den ratlosen Sohn durch die Zeitlosigkeit zu sich zurück.

Im Walde hörte Ivo plötzlich einen unbekannten Vogel jubelnd singen. Er folgte ihm und wurde tief in das Dickicht gelockt. Er wußte nicht mehr, wo er war. Sein Herz war voller Sehnsucht und zugleich voller Glück, als gäbe es nichts mehr, was er suchen müßte. Alle Unrast, alle Zweifel der letzten Jahre waren von ihm gewichen. Er setzte sich auf einen Baumstumpf, schloß die Augen und lauschte auf das Lied des Vogels, in dem alle Freude der Welt aufklang.

Plötzlich fuhr der Mönch hoch: »Wo bin ich? Hat nicht eben ein Vogel gesungen? Sein Lied ist verklungen. Die Sonne ist weitergewandert. Ich muß zurück zum Chorgebet!« Er stand auf und fand den Weg zum Kloster zurück. Dort aber verwunderte er sich. Es hatte sich vieles verändert. Da waren Gebäude, die er nie gesehen hatte. Er wandte sich an einen Laienbruder. Er kannte ihn nicht: »Bruder, was ist geschehen? Hier hat sich alles verändert!« »Vater«,

antwortete dieser, »Ihr irrt euch. Ich wüßte nicht, was sich
hier geändert hätte.« Ivo stand erstarrt: »Warum nennt Ihr
mich Vater, ich bin doch viel jünger als Ihr?« Der andere sah
erstaunt auf: »Ihr, mit Eurem schneeweißen Haar? Wo
kommt Ihr her?« Ivo erschrak. Eine sonderbare Müdigkeit
überfiel ihn. »Was geht in mir vor?« fragte er sich und
flüchtete zur Kirche, voller Angst. Dort traf er die Brüder im
Gebet. Keinen kannte er. Auch sein eigener Platz war be-
setzt. Unwillig fragte der Abt: »Was tust du hier, Fremder?«
Das traf ihn tief. »Ich gehöre doch hierher! Wo sind alle
meine Brüder?« Man erkundigte sich, wie er hieße, woher er
käme. Als er seinen Namen nannte, trat einer der alten
Mönche herbei und sagte: »Deinen Namen, Bruder, habe
ich in den alten Chroniken des Klosters gelesen. Vor 300
Jahren, unter Kaiser Friedrich II. ist ein Mönch mit diesem
Namen im Wald verschwunden und kam nie wieder. Er soll
ein Zweifler und Grübler gewesen sein!« Wie vom Blitz
getroffen, stand Ivo da. Plötzlich begriff er: »Tausend Jahre
sind vor dir wie ein Tag!« Mit Tränen in den Augen erzählte
er den Brüdern, wie Gott ihn aus seinem Zweifel in die
Zeitlosigkeit und ihn jetzt zurückgeführt habe. »Ein Wunder hast du an mir getan, o Herr, dir sei Dank in Ewigkeit!«
Ein unsagbares Glück erfüllte sein Herz. Die Brüder sahen
staunend auf ihn. Er aber sank vor dem Altar nieder wie im
Gebet und verschied.

FREI NACHERZÄHLT NACH KARL SIMROCK

Herr, du bist unsere Zuflucht für und für.
Ehe denn die Berge wurden
und die Erde und die Welt geschaffen wurden,
bist du, Gott, von Ewigkeit zu Ewigkeit.
Der du die Menschen lässest sterben und sprichst:
Kommt wieder, Menschenkinder!
Denn tausend Jahre sind vor dir wie der Tag,
der gestern vergangen ist, und wie eine Nachtwache.

PSALM 90

Was der alte Makarios erzählte

Die Sonne stand hoch. Vom Meer kam ein kühler Wind. Makarios saß zum Mittagsbrot mit einem Fischer am Steilufer. Das gleichmäßige Rauschen der Brandung drang herauf, weit ging der Blick über das endlose Meer.

Bruder Makarios, sagte der Fischer, ich beneide dich! Du hast es leicht, an ihn, den Retter, zu glauben. Könnte ich ihn doch einmal sehen! Ich glaube, dann würde ich besser mit meinem Leben fertig. So aber – ich zweifle immer wieder!

Bruder Eudynos, auch mir ist es damals nicht leichtgefallen, in ihm, unserem Rabbi, des Zimmermanns Sohn, den Messias zu erkennen! Nur in seltenen, lichten Augenblicken wurde mir klar, wer er war. Seitdem kann mir durch alles, was ich erlebe, Gottes Wirklichkeit hindurchscheinen. Aber oft ist alles wie im Nebel verhüllt. Wäre er mir nur damals, als ich ihn vor Augen sah, nah gewesen, dann wäre mein Glaube jetzt leer. Nein, ich brauche so wie du heute den Glauben, die Erfahrung: Er ist da, Gott ist da!

Bruder Eudynos, laß dir erzählen, was mein Freund Petrus, als ich ihn einmal um Rat fragte, mir berichtet hat. Seine Worte sind für mich bis heute lebendig. Mir ist, als hätte ich es miterlebt.

So erzählte mir Petrus: Einmal, vor unserem letzten Weg nach Jerusalem, da hat unser Rabbi mich und zwei andere aufgefordert, mit ihm auf einen einsamen Berg hinaufzusteigen, um dort zu beten. Er ging ein wenig abseits. Wir waren voll Schlafs. Plötzlich wurden wir wach. Wir sahen ihn. Im Gebet schien uns sein Antlitz verwandelt. Seine Kleidung glänzte im Mittagslicht. Bei ihm sahen wir Mose und Elia. Wir erschraken. Da kam eine lichte Wolke. Wir hörten es wie eine Stimme von oben: »Das ist mein lieber Sohn. Hört auf ihn!«

Das war keine alltägliche Erfahrung! Wenn man diesen Augenblick hätte festhalten können! Petrus fragte: Herr, sollen wir hier Hütten bauen? Dann aber war alles vorbei. Wir sahen Jesus allein. Es war wieder so wie alle Tage. Er stieg mit uns hinab in die Dörfer. Die Unsern fanden wir hilflos. Sie konnten ein krankes Kind nicht heilen. Danach sind wir nach Jerusalem gezogen. Unterwegs sprach Jesus von seinem Ende und seinem neuen, verwandelten Leben. Petrus sagte mir später: Dieser Augenblick da auf dem Berge, er hat mir geholfen, auch in dunklen Stunden nach Ostern zu glauben: Er ist nicht tot, er ist lebendig.

Und Makarios fügte hinzu: Bruder, das möchte ich dir heute sagen: Du sehnst dich danach, Gottes Wirklichkeit zu erfahren. Bleibe offen, horche, bete. Glaube, daß es dir geschehen kann! Vielleicht nicht so, wie du es erwartest. Vielleicht ganz anders. Ich habe es erlebt: Augenblicke, wo Zeit sich verwandelt. Wo durch eine »Wolke des Nichtwissens« Gottes Stimme hindurchtönt. Wo mir Klarheit geschenkt wird, wo mir etwas aufleuchtet. Im Raum wird Raumloses erfahrbar. Der Himmel kann sich über der Erde öffnen. Ewigkeit scheint in die Zeit.

Suche nicht Sturm und Erdbeben! Auch der heilige Prophet Elia hat Gottes Nähe in einem sanften, stillen Sausen erfahren: die Stimme eines verschwebenden Schweigens!

Von unten wurde wieder das Meer hörbar. – Sie sahen still in die endlose Weite.

Plötzlich erfuhr ich die Stille wie eine Gegenwart.
Im Herzen der Stille war er,
der selbst Stille, Frieden und Gelassenheit ist.
GEORGES BERNANOS (1888–1948)

Lerne die Zeiten verstehen

Lerne die Zeiten verstehen. Harre auf den, der über der Zeit
ist, den Zeitlosen, den Unsichtbaren, der um unsertwillen
sichtbar wurde, der um unsertwillen alles erduldet hat.

IGNATIUS VON ANTIOCHIEN, BISCHOF und MÄRTYRER (um 110).

Mir gestand des Sterblichen Staunen als das Größte:
Daß Erde nicht war noch oben Himmel,
Noch irgend ein Baum, noch Berg nicht war,
Noch Sonne nicht schien,
Noch Mond nicht licht war,
Noch die mächtige See,
Da dort nichts war an Enden und Wenden,
Da war doch der eine allmächtige Gott.

WESSOBRUNNER GEBET (um 600 entstanden)

Amerikanische Wissenschaftler haben ein zehn Milliarden
Lichtjahre von der Erde entferntes Sternsystem beobachtet.
Es entfernt sich mit einer Geschwindigkeit von annähernd
200 000 Kilometern in der Sekunde von der Erde. Es handelt
sich dabei um die am weitesten von der Erde entfernte
Galaxis, die je mit einem optischen Teleskop beobachtet
worden sei, teilte der Leiter der Sternwarte in Tucson (Ari-
zona) mit.

ZEITUNGSNOTIZ VOM 7. 4. 1983

Herr, dein Walten geschieht geheimnisvoll, du bist überall
verborgen. Wer könnte zu dir gelangen? Alles Forschen und
mühsame Grübeln vermögen dich nicht zu fassen: Dir nahe
kommen nur der Glaube, die Liebe und das Gebet.

EPHRAIM DER SYRER (306–377)

Meine Zeit steht in deinen Händen

»Meine Zeit steht in deinen Händen« (Psalm 31).
Diese Zeile habe ich jetzt in dieser Krankheit gelernt und
will sie korrigieren, denn ich bezog sie früher nur auf die
Todesstunde. Sie soll aber heißen: In deinen Händen sind
meine Zeiten, mein ganzes Leben, alle Tage, Stunden und
Augenblicke.
MARTIN LUTHER (1483–1546)

In dieser Welt rollen die Tage dahin, die einen gehen, die
andern kommen, keiner bleibt. Auch die Augenblicke verdrängen einander. Ohne Zweifel bin ich jetzt älter als heute
morgen. So steht nichts stille, nichts bleibt fest in der
Zeit... Als die Fülle der Zeit kam, erschien Er, der uns von
der Zeit befreien wollte. Befreit von der Zeit sollen wir zu
jener Ewigkeit gelangen, wo keine Zeit ist... Darum müssen wir den lieben, durch den die Zeiten geworden sind, um
von der Zeit befreit und in der Ewigkeit fest zu werden, wo
es keine Veränderlichkeit mehr gibt. (Kommentar zum
Johannes-Evangelium)
AUGUSTIN (354–430)

Der du allein der Ewge heißt
und Anfang, Ziel und Mitte weißt
im Fluge unsrer Zeiten:
bleib du uns gnädig zugewandt
und führe uns an deiner Hand,
damit wir sicher schreiten.
JOCHEN KLEPPER (1903–1942)

77

Atem holen

Mittag
13 Uhr

Der Zeiger der Uhr zeigt auf Eins

Ein Augenblick mitten im Alltag:
Wir sind abgespannt und müde.
Glücklich, wer seinem Körper-Rhythmus
entsprechen kann.
Sich hinlegen. Sich entspannen. Die Augen schließen.
Das Geschenk des Schlafes erfahren.
Ich aber muß mich den Anforderungen des Tages stellen.
Ich brauche eine Erneuerung meiner Kräfte,
eine Rückgewinnung der inneren Balance.
Einen Augenblick mir Zeit nehmen für mich selbst.
Schon fünf Minuten können helfen.
So wie es eine Mutter von kleinen Kindern gestand:
Die einzige Möglichkeit, einen Augenblick
zu mir selbst zu kommen, ist – das »stille Örtchen«.
Ich gehe auf dem Rückweg vom Essen
einen Augenblick nach draußen, ich atme tief.
Ich bewege mich, ich sehe um mich, ich nehme wahr,
was mich erfreut, ich spreche mit anderen Menschen.
Ich atme tief aus und ein. Was ist das?
Ist das nicht ein Geheimnis des Lebens?
Aus der Welt um mich nehme ich auf und gebe ab.
Bis zum letzten Atemzug stehe ich
in dieser Wechselbeziehung: innen und außen.
Das ist mehr als nur ein biologischer Vorgang.
Es ist Wunder des Lebens in mir.
Ich horche in mich hinein: Was geht in mir vor?
Ich spüre: Leben lebt in mir, Leben, das mich trägt.
Ich empfange mich neu.
Mensch aus Erde gemacht, von Gottes Hand geformt.
Unter Gottes Anhauch zum Leben erweckt.
Sich öffnen, neue Kraft annehmen. Einatmen, empfangen.

»Du läßt aus deinen Odem und du erneuerst
die Gestalt der Erde« (Psalm 104, 29).

Atem holen

Ich gehe über den Flur zurück zu meiner Arbeit.
Ich erfahre meinen Körper: Ich bin »Ich« in diesem Leib.
Während des Gehens versuche ich, mich zu lockern:
Ich spüre das Aufsteigen und Schwingen
meiner Wirbelsäule.
Von der Stirn, über Gesicht, Hals und Schultern herab,
durch den ganzen Leib bis in alle Gliedmaßen hinein
Verspannungen lösen. Es tut gut,
die freie, lebendige Bewegung zu spüren: Ich gehe.
Ich komme ins Zimmer, ich setze mich auf einen Stuhl.
Einen kurzen Zeitraum habe ich noch für mich.
Ich spüre den Stuhl, den Boden unter meinen Füßen.
Mein Oberkörper schwingt ein wenig im Hüftgelenk.
Meine Hände ruhen gelöst auf den Oberschenkeln.
Ich nehme meinen Körper wahr. Ich fühle die Wärme
des Leibes, den Herzschlag, das Pulsieren des Blutes.
Ich spüre: Leben ist in mir. Atem durchströmt mich.
Was sich unbewußt vollzieht, jetzt bewußt erfahren:
Ausatmen – Einatmen.
Verbrauchte Luft abgeben. Sauerstoff aufnehmen.
Teil eines umfassenden Ganzen sein.
Langsam bis tief in den Leib hinein ausatmen.
Einen Augenblick verharren. – Der Atem strömt ein
von der Dehnung des Zwerchfells her bis in die Lunge.
Die lebendige Bewegtheit dieses Körpers fühlen.
Ausatmen – mich hergeben, mich loslassen,
alle Sorgen, alle kreisenden Gedanken loslassen.
Jetzt und hier gegenwärtig sein.
Ruhe und Stille kommen lassen.
Mein Atem strömt wieder ein. Ich empfange mich neu.
Ich blicke um mich, ich nehme meine Arbeit wieder wahr.
Ich spüre, Kräfte haben sich erneuert.

Christus will den ganzen Menschen erlösen,
nicht nur die Seele.
TERTULLIAN (ca. 160–ca. 220)

Der Pendelschlag

In manchen Wohnungen wird die Schönheit der alten Pendeluhren wieder neu entdeckt. Warum? Ist es nur eine moderne Sentimentalität, oder haben die alten Uhren uns mehr zu sagen?

In dem Hause, in dem ich arbeite, steht eine schlanke, schwarze Pendeluhr. Zwei schwere Gewichte fordern nach einigen Tagen dazu auf, sie weiter in Gang zu halten. Der leise Schlag des Pendels begleitet uns in Zeiten der Ruhe. Der schöne Klang des vollen Stundenschlags läßt uns mitzählen, wenn wir nicht schlafen können. In der Stille der Nacht wird das dunkle Haus vertraut und lebendig durch den leisen Klang dieser Uhr, ihren steten Gang durch die Zeiten.

In Augenblicken des Wartens wird der Blick wie von selbst von dem blinkenden Messingpendel angezogen, das im dunklen Gehäuse gleichmäßig hin und her schwingt.

Solche Augenblicke des Wartens gibt es im Alltag. Das Pendel der Uhr schwingt gleichmäßig im schönen Bogen von der einen Seite zur andern, immer hin und her, begleitet vom ruhigen Ticken des Werkes. Ringsum eilen Menschen vorbei, man spürt die Unruhe der Arbeit, Stimmen kommen von hier und dort. Die Uhr aber geht ihren ruhigen Gang. Das Pendel schlägt hin und her.

Ich spüre, wie der Atem in mir ruhiger wird, ich merke den Pulsschlag gleichmäßig hinter dem Ohr.

Ich erinnere mich an das Rauschen der Brandung im Auf und Ab der Wellen, das Heranrollen und Ablaufen des Wassers. Ich denke an Ebbe und Flut. Die Unruhe in mir ebbt ab.

Und die Gedanken gehen weiter... Ist mein unruhiges Leben nicht doch aufgefangen vom Rhythmus von Tag und Nacht, von Schlaf und Aktivität, von den Zeiten des Essens und der Arbeit, des Schaffensdranges und der Müdigkeit, des Bedürfnisses nach Stille und Gemeinschaft? Ja, ist dies unser Leben in der Tiefe nicht überall getragen und bestimmt von dem großen Rhythmus: Licht und Dunkel, Sommer und Winter, Saat und Ernte...

Dieser Augenblick des Wartens vor dem Hin und Her des Pendelschlags hat mich aus der unruhigen Hetze des Tages herausgenommen. Ich spüre, wie sich im tiefen Aus- und Einatmen mein Körper entspannt und sich die innere Unruhe löst – und der Ärger über das Wartenmüssen. Mir scheint, ich solle mich durch die vielfältigen Anforderungen des Tages, von Zeiten der Müdigkeit und der Unlust nicht so bedrücken lassen. Wie Ebbe und Flut gehören sie in mein Leben. Ich meine, ich kann mich darauf verlassen, daß die andere Seite des Pendelschlags mit Stille und Schlaf mir neu Kraft und Freude bringt. Vielleicht muß ich mich diesem Lebensrhythmus in mir selbst und um mich herum nur ein wenig mehr und bewußter anvertrauen.

Ich sehe wieder das Bild der Penduluhr vor mir. Und einen Augenblick denke ich daran, daß der, der diese Welt schuf, allem Seienden diesen Rhythmus einpflanzte und dies zum Zeichen seiner Zuwendung, seiner verläßlichen Treue machte.

Als nach den Wirbeln der Sintflut die Sonne den ersten leuchtenden Bogen über das abziehende Regengewölk zeichnete, da hörte der dankbare Mensch das Wort des Zuspruches:

»Solange die Erde steht, soll nicht aufhören Saat und Ernte, Frost und Hitze, Sommer und Winter, Tag und Nacht (1. Mose 8, 22).

Was der alte Makarios erzählte

Um die Mittagszeit kam Makarios an einer Gruppe von Männern vorbei, die im Schatten eines großen Baumes eine Arbeitspause hielten. Er setzte sich zu ihnen. Einer sagte scherzend zu Makarios: Ihr habt es damals doch sicher nicht nötig gehabt, euch auszuruhen? Makarios sah den Frager belustigt an: Ja, wir waren alle halbe Engel. Wir brauchten keinen Schlaf, kein Brot und kein frisches Wasser! Die Männer lachten. Dann sagte einer: Wir, die wir von all dem nur aus Vorgelesenem oder Erzähltem wissen, malen uns von dem Geschehenen Bilder, Bilder mit Goldgrund. Das ist schön, rückt aber auch alles in die Ferne. Makarios, erzähle davon, wie es war!

Und Makarios begann: Unser Tagewerk war wie eures, Arbeit und Müdigkeit, Hungern und Dürsten – Rast und Ruhe, Trinken und Sattwerden. Ja, so war es! Aber wie wir so durch die Dörfer zogen, sahen wir auch, Menschen werden von Essen und Trinken, von Schlafen und Arbeiten allein nicht glücklich. Nein, der Mensch lebt nicht vom Brot allein!

Ich denke an das, was wir einmal in Samarien erlebten. An dem Brunnen vor der kleinen Stadt Sychar. Es war ein heißer Tag, wir waren früh aufgebrochen. Wir waren alle müde und hungrig. Und es schien uns, daß unser Rabbi der Müdeste unter uns war. Da überredeten wir ihn, am Brunnen im Schatten zu schlafen, während wir Essen kauften.

Als wir zurückkamen, sprach er mit einer Frau aus dem Dorf. Wir wunderten uns, ein jüdischer Rabbi allein im Gespräch mit einer Frau und dazu mit einer Samaritanerin, das war nicht üblich! Wir blieben zwei Tage in Sychar, um uns auszuruhen. Die Frau erzählte uns von ihrer Begegnung mit dem Rabbi. Sie konnte nur am heißen Mittag zum Brunnen gehen, wenn dort keiner war. Die Leute mieden sie, sie war eine Dirne. Als sie an dem Mittag Wasser schöpfen wollte, sah sie am Brunnen einen Mann. Er sprach sie an und bat: Gib mir zu trinken! Sie war erstaunt. Da war einer, der sie nicht verachtete. Sie schöpfte für den Durstigen Wasser und gab ihm zu trinken. Da begann der Fremde ein langes Gespräch. Was er zu ihr sagte, machte sie nachdenklich; wie er zu ihr sprach, das veränderte ihr Leben. Plötzlich merkte sie selbst, wie durstig sie war nach wahrem Leben, nach wirklicher Liebe und Anerkennung. Und sie merkte auch, daß die vielen Männer nur Ersatz dafür waren, wie abgestandenes Wasser aus der Zisterne, das den Durst nicht löschen kann.

Der Älteste aus der Runde sagte bedächtig: Du hast recht, Bruder Makarios. Wir Menschen brauchen Schlaf und Trank, dann werden wir wieder müde und durstig! Eigentlich ist das doch schön! Immer wieder satt sein, und immer wieder durstig werden! Da merken wir, wir sind angewiesen auf das, was die Schöpfung uns gibt, angewiesen auf den anderen. Wir sind bedürftig – wir sind Beschenkte. Und das mit der Frau, das stimmt auch, der Mensch lebt nicht nur vom Brot! Er braucht mehr. Wir alle brauchen Liebe, wir brauchen Wasser aus ewigen Quellen. Ja, sagte Makarios, du hast recht, Bruder, so ist es.

Von himmlischer Freude genährt,
dürsten wir allezeit nach dem,
wodurch wir wahrhaft leben.

AUGUSTIN (354–430)

Zweierlei Gnaden

Im Atemholen sind zweierlei Gnaden:
Die Luft einziehen, sich ihrer entladen.
Jenes bedrängt, dieses erfrischt;
so wunderbar ist das Leben gemischt.
Du danke Gott, wenn er dich preßt,
und dank ihm, wenn er dich wieder entläßt.

JOHANN WOLFGANG GOETHE (1749–1832)

Wer atmet, muß sich auftun. Luft will in unsere Lungen.
Eine unzählbare Menge von kleinen Bläschen wartet darauf,
Sauerstoff aufzunehmen.
Ich bin bedürftig der Luft.
Wenn ich atme, lasse ich mich beschenken.
Ich darf nicht in meiner Enge bleiben.
Ich dehne mich aus, mache mich weit.
Es dringt etwas in mich ein und läßt mich leben.
Ich kann nicht immer nur aufnehmen,
das Aufgenommene wird auch wieder abgegeben.
Leben besteht in diesem Wechsel:
Nehmen und Geben, Aufnehmen und Abstoßen.
Nur wenn ich mich leer mache,
kann Neues in mich dringen.
Wenn ich atme, weiten sich meine Lungen.
Ich werde groß, ich kann mir etwas zutrauen.
Ich bekomme Zuversicht und Kraft.
Wenn ich ausatme, sinke ich zusammen.
Ich gebe meine straffe Haltung auf
und werde klein und unscheinbar.
Wenn ich einatme, bekomme ich Kraft geschenkt.
Wenn ich den Atem hergebe, muß ich mich selbst hergeben.
So wechsele ich zwischen Stärke und Schwäche,
zwischen Aufrichten und Zusammensinken,
zwischen Nehmen und Geben und lerne das Leben.

OTTO UND FELICITAS BETZ

Du lenkst die wechselhafte Zeit

Wenn der Tag seine Höhe überschreitet, wendet sich der
Beter im Mittagsgebet (in der Sext) an den, der allen Wechsel
zwischen Tag und Nacht, Abend und Morgen in seiner
Hand hat:
O starker Herr und treuer Gott,
du lenkst die wechselhafte Zeit,
du gibst der Frühe milden Glanz
und helle Glut dem hohen Tag.
Des Streites Flamme lösche aus,
der Zwietracht Feuer dämme ein,
dem Leibe gib gesunde Kraft
und wahren Frieden unserm Herz.
Du Gott des Lichts, auf dessen Reich
der helle Schein der Sonne weist,
dich loben wir aus Herzensgrund,
Gott Vater, Sohn und Heil'ger Geist. Amen.

AMBROSIUS (339–397)

Atme in mir, o Heiliger Geist, daß ich Heiliges denke.
Treibe mich, o Heiliger Geist, daß ich Heiliges tue.
Locke mich, o Heiliger Geist, daß ich Heiliges liebe.
Stärke mich, o Heiliger Geist, daß ich Heiliges hüte.
Hüte mich, o Heiliger Geist, daß ich es nie verliere.
Atme in mir, o Heiliger Geist.

AUGUSTINUS (354–430)

Herr, himmlischer Vater,
zwischen dir und mir geht immerfort ein unbegreifliches
Atmen, worin ich viele Wunder und unaussprechliche
Dinge erkenne und sehe.

MECHTHILD VON MAGDEBURG (13. Jahrhundert)

Die Mühle
des Alltags

Mittag
14 Uhr

Der Zeiger der Uhr zeigt auf Zwei

Der Mittag ist überschritten. Der Kräfterhythmus des Körpers zeigt einen Tiefstand. Es fällt schwer, etwas zu leisten. Unser Tagewerk wird zu einer Mühle, die sich dreht.

Was empfinde ich, wenn ich – oft mit Stöhnen – von der »Mühle des Alltags« spreche? Es ist das Bild der Mühsal; das, was müde macht. Ich erlebe mich eingebunden in ein immer gleiches Auf und Ab, wie in einem Räderwerk, das unaufhörlich in Bewegung ist, getrieben von Kräften, die ich nicht steuern kann. Ich erfahre mich wie ein Korn, zwischen schweren Steinen zermahlen, oder wie in einer Tretmühle, ununterbrochen muß ich auf- und niedertreten, denn das Rad muß sich ja drehen. Ich sehe vor mir große Windmühlenflügel, die ich nicht anhalten kann.

Der Wortstamm, aus dem das Wort »Mühle« gewachsen ist, sagt ähnliches aus: zermahlen, zermalmen, mulmig, Müll. So erleben wir oft unser Leben. Die Bibel sagt: Es ist Mühe und Arbeit. Im Schweiße eures Angesichtes sollt ihr euer Brot essen. Der Acker trägt Dornen und Disteln. In weiten Bereichen ist die Arbeit körperlich heute nicht mehr so schwer wie früher. Die Arbeitszeiten sind kürzer. Importe machen von der Ernte unabhängig. Gelten die Bildworte der Bibel noch? Empfinden wir nicht alle, daß sich unsere Mühsal verschärft? In der Monotonie der mechanisierten Maschinenarbeit, am Fließband oder im Großraumbüro, unter der Hetze der Uhr, im abgewerteten Einerlei der Hausfrauenarbeit fällt es schwer, sich mit seiner Arbeit zu identifizieren. »Leben wir nur, um zu arbeiten? Wir sollten einmal darüber sprechen!« So wirbt ein Plakat in der Straßenbahn. Viele existieren nur von einem Urlaub zum anderen, leben in der Erwartung, daß der Arbeitstag bald vorüber ist.

Mühle des Alltags

»Mühle des Alltags«, das kann aber auch erlebte Eintönigkeit eines Rentnerdaseins, deprimierende Arbeitslosigkeit,
bleibende Krankheit bedeuten.

»Mühle des Alltags« – mit diesem Bild ist eine Realität
des Lebens angesprochen, mit der wir fertig werden müssen.
Das Leben ist meistens anders, als wir es uns gewünscht
haben. Wir erleiden den Unterschied zwischen Lebenstraum und Lebenswirklichkeit. Wie kann diese Erfahrung
fruchtbar werden, ohne daß wir innerlich Schaden nehmen?

Noch einmal sehe ich das Bild der Mühle vor mir. Eine
Erinnerung aus Kindertagen steigt in mir auf, wie ich die
Mühle erlebte – und plötzlich denkt sich in mir ein ganz
anderer Gedanke.

Wieder und wieder frage ich mich: Warum ist diese
Kindheitserinnerung in mir so tief und lebendig? Bedächtig
antwortet mir ein Freund: »Tragen Erinnerungen nicht
einen doppelten Sinn in sich? Helfen sie nicht einerseits,
unser eigenes Werden und Wesen im nachhinein tiefer zu
verstehen? Ist das Bild der Mühle, das sich dir als Siebenjährige einprägte, nicht andererseits Gleichnis und Geheimnis deines Lebens? Hilft es dir nicht jetzt, deinen
Lebensweg zu verstehen und zu deuten?«

Leben wir nicht unsere Zeit wie eine zusammenhanglose
Folge von Tönen und Mißtönen? Und doch ist eine Melodie
darin. Gott allein kennt sie und spürt schon den letzten
Ton, wenn er den ersten anstimmt. Und manchmal läßt er
uns eine kleine Weile mitsingen.

Hans Graf von Lehndorff

Eine Kindheitserinnerung

Es ist ein Sommertag. An der Hand der Mutter steigt das Kind die kleine Anhöhe hinauf. Dort steht die Mühle. Weit geht der Blick über das Meer der reifenden Felder und trifft auf kleine, versteckte Dörfer in verstreuten Bauminseln. Wir steigen die Treppe hinauf und treten in den Mahlraum. Die Augen gewöhnen sich langsam an das dämmerige Licht, das durch kleine Fenster einfällt. Wir sehen die Wände von gebleichtem Holz. Wir bestaunen das Mahlwerk, die mächtigen Mühlsteine, den aufragenden Mahlbaum. Der Müller schleppt den schweren Sack in den Oberraum. Wir klettern hinter ihm die Stiege hinauf. Dort lagert ein Berg goldener Körner. Wir sehen den Trichter, durch den die Körner ins Mahlwerk fallen. Alles ist weiß von Mehlstaub, auch die blaue Jacke des Müllers, seine Augenbrauen, das graublonde Haar, die schwieligen Hände. Draußen weht Sommerwind, singen die Lerchen, schilpen die Spatzen.

Da geschieht das Unvergeßliche: Der Müller stellt das Mahlwerk an. Ein schweres, ächzendes Mahlen beginnt. Wir sehen, wie sich langsam, dann schneller die Mühlsteine in Bewegung setzen, die Körner in den Trichter rutschen und das Mehl am Rand herausfliegt. Wir sehen den schweren Mahlbaum, die großen Räder, die sich knarrend drehen. Und dann gehen draußen vor den Fenstern die großen, dunklen Mühlensegel auf und nieder. Der ganze Bau bebt im Gang des Mahlwerks. Und das Kind bebt mit und staunt in das Geheimnis und saugt es tief in sich hinein.

Noch etwas birgt die Erinnerung: diesen unbeschreiblichen Duft der Körner im Oberraum und andersartig – aber wie zu beschreiben? – der linde Geruch, der im langsamen Mahlen der Körner zu Schrot und Mehl aufsteigt.

Ein letztes Bild: Der Müller sitzt mit den Eltern vor der Tür. Die Erwachsenen erzählen. Das Kind achtet nicht auf die Worte. Seine Augen blicken unverwandt auf das Gesicht des Müllers, in das sich Lebensmühe, Sonne und Wind eingekerbt haben. Das Kind folgt seinem Blick hinauf zu den mächtigen Mühlensegeln, hinauf zum blauen Himmel, zu den weißen Wolken und sieht dann hinaus in das Land.

Was birgt diese Erinnerung? Ahnt das Kind darin ein Bild des Lebens? Ja, Mühe ist es und Arbeit, voll Beben und Dröhnen, aber dabei wird Korn gemahlen, das nährt. So erfüllt der Mensch seinen Auftrag, die Erde zu bewahren und zu bebauen. Demütig erfährt er seine Abhängigkeit von Mächten außerhalb seiner selbst. Das alles spiegelt sich in dem Antlitz des Müllers.

»Mühle des Alltags« – die Erinnerung an den linden Geruch des frischen Mehls hilft mir, Lebenserfahrung zu deuten. Ich bedenke, zum Wort Mühle gehören auch die Worte Mehl und Milde. Ich frage: Liegt es nicht auch an mir, ob die Mühle des Daseins aus mir »Müll« macht oder mich zu »Mehl« zermahlt? Ob sie mich milde macht, gerade weil ich die Mühlsteine an mir erfahren habe, und zu Mehl, das nahrhaft wird für andere?

Ich entdecke, die Mühsal des Alltags kann ich leichter tragen und in ihr geduldiger und zuversichtlicher leben, wenn ich mir vom Bild der Mühle neu Sinn zusprechen lasse.

Ein nachlässiges, unbestätigtes und unglückliches
Leben zu führen ist leicht;
dazu braucht man keine Anstrengung.
Um glücklich zu sein, muß man sich eigens bemühen.
LADISLAUS BOROS

Was der alte Makarios erzählte

Einmal trafen ein paar der Neuzugezogenen den alten Makarios auf der Straße. Er trug schwer an seiner Last, die er einer Witwe bringen wollte. Sie nahmen ihm das Bündel ab, holten ihn in ihr Haus, gaben ihm zu essen und zu trinken. Da erst erkannten sie, wen sie hereingeholt hatten. Makarios sah auf: Habt Dank, Freunde, daß ich mich bei euch ausruhen konnte, daß ihr mir von eurem Brot zu essen gabt. Meine Kräfte nehmen ab. Ich kann nicht mehr so wie früher.

Dann saßen sie noch eine Weile zusammen im kühlen Schatten des Hauses. Die Frau nahm die Handmühle. Der gute Geruch gemahlenen Kornes stieg auf, die Männer sahen ihr zu.

Und Makarios erzählte: Wenn man hungrig ist, dann merkt man erst, wie gut Brot schmeckt und riecht. Als ich jetzt aß, dachte ich daran, wie wir damals über die Straßen Palästinas zogen und erst nach langem, anstrengendem Tag essen konnten. Wie gut hat das Brot geschmeckt! Wir teilten es miteinander!

Das Gesicht des Makarios entspannte sich, versonnen saß er da. Immer wieder, fuhrt er fort, erzähle ich euch vom Rabbi aus Nazareth. Je älter ich werde, um so lebendiger steht mir alles vor Augen.

Der Rabbi teilte mit uns sein Leben. Er teilte mit uns das Brot. Er gab uns Anteil an seinem Glauben. In uns wuchs Vertrauen. Oft vergaßen wir Zeit und Stunde. Wir haben seine Worte in uns eingesogen.

Was er sagte, wie er lebte, wie er Menschen begegnete, wie er Leiden und Tod annahm und uns durch den Tod hindurch lebendig begegnete, so ist er mir zum Lebensbrot geworden! Jeden Tag bin ich auf ihn angewiesen, wenn ich Hoffnung behalten, wenn ich leben will.

Ihn hat das Leben nicht zermalmt. Er nährt wie Brot. Einmal hat er es selbst von sich gesagt: »Ich bin das Brot des Lebens.«

Dann sagte der alte Makarios: Ihr habt mich auf der Straße gefunden, als ich nicht mehr konnte. Ihr habt meine Last getragen, ihr habt euer Brot mit mir geteilt. In euch ist mir heute Jesus begegnet. Habt Dank dafür!

Alle die Bilder aus unserem Leben, die er von sich gebraucht hat, vom Brot, vom Licht, von der Tür und dem Weg, vom Hirten und dem Weinstock, meinen doch das, was der Mensch haben muß und was er zu haben ersehnt, um leben zu können. Jesus ist der, auf den die Welt wartet und der alles Sehnen erfüllt.

RUDOLF BULTMANN (1884–1976)

Brich den Hungrigen dein Brot; die im Elend wandern,
führe in dein Haus hinein; trag die Last der andern.

Brich dem Hungrigen dein Brot; du hasts auch empfangen.
Denen, die in Angst und Not, stille Angst und Bangen.

Der da ist des Lebens Brot, will sich täglich geben,
tritt hinein in unsre Not, wird des Lebens Leben.

Dank sei dir, Herr Jesu Christ, daß wir dich noch haben
und daß du gekommen bist, Leib und Seel zu laben.

Brich uns Hungrigen dein Brot, Sündern wie den Frommen,
und hilf, daß an deinen Tisch wir einst alle kommen.

MARTIN JENTZSCH

Wie sollten wir ohne ihn leben können. Laßt uns seine Güte empfangen. Laßt uns, die wir seine Jünger wurden, lernen, nach seiner Art zu leben.

IGNATIUS VON ANTIOCHIEN, BISCHOF UND MÄRTYRER (gest. 110)

Ich bin so unendlich müde

Ich fühle mich kraftlos. Anforderungen lasten wie Berge auf mir. Nachrichten aus dem Radio, aus meinem persönlichen Umkreis lähmen. Erinnerungen an Vergangenes, Enttäuschungen, Versagen, unerfüllte Wünsche steigen auf. Mein Körper bewegt sich langsam und schwer. Dazu die schwere Luft draußen: »Ich kann nicht mehr!«

Äußerlich verhalte ich mich wie ein Igel. Ich ziehe mich zurück und versuche mich hinter einer Maske zu verbergen. Fragt mich einer: »Wie geht es?« antworte ich: »Es geht.« Aber es geht nicht! Ich höre, wie ich vor mich hin murmele: »Ich kann nicht mehr! Ich mag nicht mehr! Ich will nicht mehr!« – In mir denken sich Gedanken, die sich meiner Kontrolle entziehen wollen: »Sie sollen mich in Ruhe lassen! Nur raus hier! Nur noch schlafen können! Es ist doch alles sinnlos!«

Da gehe ich zu einem Freund. Ich erzähle. Er hört. Die Uhr schlägt, ohne daß wir die Schläge zählen. Alles rede ich mir vom Herzen. Da fragt mein Freund: »Oder ist es eine Depression?« Etwas bäumt sich auf in mir! Nein! Das nicht! Ich erkenne die Gefahr, die mich bedroht!

Dunkel ist es geworden, als ich nach Hause gehe. Ich sehe auf, über mir leuchten blaß ein paar Sterne.

Klar wird mir: Ich programmiere und blockiere mich gleichsam selbst mit meinen Stoßseufzern: »Ich kann nicht...!« So werde ich wehrlos. Ich muß lernen, mir helfende Worte zuzusprechen, aus den Stoßseufzern Stoßgebete zu machen: »Hilf mir! Erbarme dich!« Ich atme tief ein. Ich habe die Erfahrung gemacht: »Ich werde getragen. Durchhalten, weil ich gehalten bin. Herr, hilf mir heute! Du bist nah!

Das Brot

Er saß beim Frühstück äußerst grämlich,
Da sprach ein Krümchen Brot vernehmlich:
Ja, Freund, wer seinen Blick erweitert
Und schaut nach hinten und nach vorn,
Der preist den Kummer, denn er läutert.
Ich selber war ein Weizenkorn.
Mit vielen, die mir anverwandt,
Lag ich im rauhen Ackerland.
Bedrückt von einem Erdenkloß,
Macht ich mich mutig strebend los.
Und als ich reif mit meiner Sippe,
O weh, da hat mit seiner Hippe
Der Hans uns rutschweg abgesäbelt
Und zum Ersticken festgeknebelt
Und auf die Tenne fortgeschafft,
Wo ihrer vier mit voller Kraft
in regelrechtem Flegeltakte
Uns klopften, daß die Schwarte knackte.
Ein Esel trug uns nach der Mühle.
Ich sage dir, das sind Gefühle,
Wenn man, zerrieben und gedrillt
Zum allerfeinsten Staubgebild,
Sich kaum besinnt und fast vergißt,
Ob Sonntag oder Montag ist.
Und schließlich schob der Bäckermeister
Uns in des Ofens höchste Glut.
Jetzt sind wir Brot. Ist das nicht gut?
Frischauf, du hast genug, mein Lieber,
Greif zu und schneide nicht zu knapp
Und streiche tüchtig Butter drüber
Und gib den andern auch was ab.

WILHELM BUSCH (1832–1908)

Gebet eines Menschen, der müde ist

Jesus Christus, der du unser Bruder geworden bist,
gelitten und versucht allenthalben gleich wie wir,
der du müde wurdest im anstrengenden Tag,
ungeduldig bei der Verschlossenheit der Menschen,
der du sie trotzdem geliebt hast,
der du ihnen nahe geblieben bist
und sie besser verstanden hast als sie sich selbst.
Wir kommen heute zu dir.
Wir sind keine Helden und keine Heiligen.
Wir leiden unter unserem Versagen, unserer Schwachheit.
Wir sind oft sehr verzagt und müde.
Aber du kennst uns, du bist uns nah,
du leidest mit uns.
Du wendest dich nicht ab.
So bitten wir dich,
gib uns die Geduld deines Lebens,
die Barmherzigkeit deines Verstehens,
die Kraft deines Sterbens und Auferstehens.
Gib deinen Geist,
daß wir in der Niederlage nicht resignieren,
sondern durch dich und in dir
neu anfangen
zu hoffen, zu glauben, zu lieben!

Gebet zu Christus, dem Erbarmer

Hoffnung der Schwachen und Vertrauen der Armen,
Gefährte und Bundesgenosse,
Zuflucht und Herberge der Müden,
Stimme aus der Höhe, Tröster unter uns,
Herberge und Hafen der in finsteren Landen Reisenden,
Arzt, der unentgeltlich heilt,
der du für alle gekreuzigt wurdest,
der in die Unterwelt hinabging und stieg mit Ruhm empor,
du versammelst alle, die zu dir Zuflucht nehmen,
und bereitest den Weg.
In deinen Spuren gingen alle, die du erlöstest,
und du führtest sie ein in deine Herde.
Sohn der Barmherzigkeit,
Herr, der du deinen Knechten dienst,
damit sie leben,
der du die Schöpfung mit deinem Reichtum angefüllt hast,
der du dürstende Seelen mit deinen Gütern sättigst,
sei du mit diesen hier, sei ihr Führer im Lande des Irrtums,
sei ihre Ruhe im Lande der Müden,
heilige sie im unreinen Lande,
sei Arzt ihrer Körper und Seelen,
es wohne in ihnen dein heiliger Geist.

THOMAS-AKTEN (entstanden um 200)
GEBET FÜR DIE NEUGETAUFTEN

Durch das Wort, das die Quelle des Lebens selber ist, kam die umarmende Mutterliebe Gottes hernieder. Sie nährt uns zum Leben. Sie ist das tiefste, mildeste Erbarmen, das uns den Weg der Umkehr zeigt. Denn Gott gedachte seines Werkes, des Menschen, den er gebildet und dem er den Atem des Lebens eingehaucht hat.

HILDEGARD VON BINGEN (1098–1179)

Durchkreuztes Dasein

Nachmittag
15 Uhr

Der Zeiger der Uhr zeigt auf Drei

Ein kurzer Zeitraum mitten im Alltag. Die Höhe des Tages ist überschritten. Unsere Verpflichtungen binden all unsere Kräfte. Wir möchten leben, uns freuen, auch trauern können, wir möchten für die Wirklichkeit offen sein. Aber wir haben oft nicht mehr Zeit und Kraft dazu. Ein stumpfes Gefühl der Unlust weist auf diesen Mangel hin.

Täglich erfahren wir diese Welt mit ihren Rätseln. Wir erleben, unser Dasein wird durchkreuzt, Hoffnungen scheitern, geliebte Menschen fehlen. Nein, das Dasein geht nicht auf! Diese Erfahrung lastet verstärkt auf dem, der seinen Alltag leer empfindet, der Krankheit zu ertragen hat, der ohne Arbeit ist, der sich alt und einsam fühlt.

Kein Nachdenken, keine plausiblen Gründe, keine Idealisierung kann die Realität des Leides, des Bösen aufheben. Auch die Bibel begründet es nicht. Wodurch könnte das Leid eines unschuldigen Kindes erklärt werden?

Die Zeiger der Uhr stehen jetzt im rechten Winkel zueinander. Spiegelbildlich verlängert ergibt das das Zeichen des Kreuzes, das seit alters Zeichen dieser Stunde ist. Es war um drei Uhr am Nachmittag, als Christus am Kreuz starb. Daran erinnerte man sich nicht nur am Karfreitag. Von der Botschaft dieser dritten Stunde sprechen die Wegkreuze an den Feldern, auf den Friedhöfen, in den Kirchen und das schlichte Kreuz in der Stube. Pascal sagt: »Christus leidet bis zum Ende der Welt.« Warum hat der Mensch in das Leid seines Alltags das Zeichen des Leides, das Kreuz, gestellt?

Conrad Ferdinand Meyer spricht in einem Gedicht die Bitte aus, unter dem lichten Bau der Kirche möge Platz sein für die dunkle Krypta, in die der verwundete, einsame Mensch hinuntersteigen kann.

Durchkreuztes Dasein

»Gram wird nur von Trost gestillt, der selbst aus wundem Herzen quillt.« Deshalb sucht der Leidende in der stillen Krypta das Kreuz mit den Dornen auf.

Uns hilft im Schmerz nicht die Vertröstung, das Gaukelbild einer leidlosen Welt. In Schmerz, in Krankheit und Trauer brauchen wir die Erfahrung, verstanden zu werden, nicht allein zu sein. Im Schmerz kann die Begegnung mit durchstandenem Leid den Keim der Hoffnung wieder wekken: Leben und Liebe überdauern.

Darum stellte sich der Mensch des Mittelalters das Kreuz in seinen Alltag, darum zeichnete er sich selbst mit dem Zeichen des Kreuzes. Es half ihm, in den Realitäten dieser Welt durchzuhalten.

Das Kreuz weist darauf hin, daß der Gott, von dem wir sagen, er hat die Welt in seinen Händen, nicht unberührt von allem in der Ferne thront. Nein, der Mensch erfährt ihn mitten in dieser Welt, mitten in seinem Leid, dort bleibt er nicht allein.

So sagte Jesus (nach alten Handschriften):
»Merke auf das, was ich tue, daß es dein Leid ist, dies Menschenleid, das ich leiden will! Nicht einzusehen vermagst du, was du leidest, wenn der Vater mich nicht dir als das Wort gesandt hätte. Da du es sahst, wurdest du bewegt. Nach Einsicht verlangte es dich, nun stütze dich auf mich! Ruhe dich aus bei mir! Wer ich bin, wirst du erkennen, wenn ich von dir gegangen sein werde. Verständest du das Leiden, das Nichtleiden wäre dein. Was du jetzt noch nicht erkennst, das werde ich dich danach lehren.«
JOHANNES-AKTEN (um 160 in Kleinasien geschrieben)

Eine Wunde in sich tragen – Brief an einen Freund

Lieber G. Geht es Dir auch so wie mir? In mir sind die Ereignisse von damals wie eine Wunde, die nicht heilt. Zwar weiß ich, daß ich ein Stück damit fertig geworden bin. Die Zeit ist darüber hingegangen. Ich bin dankbar dafür, daß ich mich nicht mehr wie im Anfang mit der Frage quälen muß: Warum? Mit dem Vorwurf: Wäre doch! Hätte ich doch! Die Lähmung von damals ist gewichen. Ich kann mich wieder freuen und habe neue Menschen gefunden, mit denen ich verbunden bin. Ja, ich bin ungeheuer dankbar, daß ich nicht bitter wurde an dem, was ich erlebt habe, daß ich nicht daran zerbrochen bin. Das ist ein Geschenk.

Aber heute wüßte ich gerne, wie es Dir geht. Auch Du hast, wenn auch in anderer Weise, Ähnliches erlebt. Ich habe ja miterlebt, wie schwer die Trennung Dir damals geworden ist. Du arbeitest wieder in Deinem alten Beruf. Du bist ausgefüllt durch all die Menschen, die Dich brauchen. Wir beide kennen uns ja eigentlich erst wirklich, seitdem wir uns in diesen schwersten Augenblicken begegneten. Ich weiß, daß auch in Dir diese Wunde ist, die bleibt. Wesentliches ist verlorengegangen, das wir immer vermissen werden, trotz aller Dankbarkeit dafür, daß Neubeginnen möglich war. Ich weiß, Du trägst in den Einsamkeiten Deiner Nächte in Dir die Erinnerungen, die immer wieder schmerzen.

Mir scheint, die meisten Menschen müssen mit verborgenen Wunden leben. Glücklich die, die das nicht kennen! Aber fehlt ihnen nicht eine Erfahrung, die nur am Rand der Verzweiflung wachsen kann? Die Erfahrung, durchgetragen zu werden? Die Erfahrung von dem finsteren Tal, in dem man nicht allein bleibt. Die Erfahrung der tiefen Dunkelheit, über der Sterne so klar werden wie nie zuvor. Ich denke an Dich in herzlicher Verbundenheit!

Aus einem Gespräch mit Betroffenen

Wir meinen heute oft, wir wären mit einem Rechtsanspruch auf ein glückliches Leben geboren: ein Recht darauf, daß unser Leben gelingt, ein Recht auf Gesundheit und Arbeit, auf einen Lebenspartner, auf gute Wohnung und reichliches Essen, auf erfüllten Urlaub, freie Ausbildung und in Notzeiten auf Sozialhilfe.

All das wird nicht mehr dankbar empfangen, sondern ist selbstverständlicher Anspruch, den wir einfordern. Es ist von uns selbst nicht mehr mit zu verantworten. Wir hören darin nicht die Anfrage, die an uns gerichtet ist. Wo es plötzlich ausbleibt, sind wir total hilflos. Wir haben verlernt, dem Leid standzuhalten, Not durchzustehen. Wir haben die alte Tugend der Tapferkeit vergessen.

Unausweichliches kommt auf mich zu: Ich weiß es. Ich sehe es kommen. Ich kann es nicht hindern. Es gibt nur die Frage: Wann?

Noch flackert Hoffnung auf: Gibt es das Unwahrscheinliche, das Wunder gegen alles Berechenbare, einen Ausweg? Mein Herz klammert sich daran. Ich greife nach dem Strohhalm. Noch will ich hoffen!

Aber ich weiß, jetzt muß ich mich der Realität stellen, mich vorbereiten, sonst bin ich wehrlos, wenn es eintrifft. Ich darf vor der Angst nicht fliehen. Ich muß mich der Sorge hinhalten, die Trauer annehmen. Wie an einen Anker klammere ich mich an Erfahrenes: Damals habe ich Not durchlebt, bin nicht daran zerbrochen. Ich habe erfahren, daß ich durchgetragen wurde: Die Nähe einer Hand! Darum möchte ich dem Unausweichlichen nicht ausweichen.

Das Lied der Seliggepriesenen

Am Anfang des sonntäglichen Gottesdienstes der orthodoxen Kirche zieht der Priester mit der geöffneten Bibel auf den ausgebreiteten Händen ein. Der Chor singt dazu die Seligpreisung. Unvergeßlich ist das besonders in der altrussischen Melodieführung. Der Mensch, aus der Zwiespältigkeit seines Alltags kommend, mit allen kleinlichen Wichtigkeiten, beladen mit Leid und Sorge, erfüllt von Freude – er wird hineingenommen in das, was jetzt an ihm geschehen soll. Im göttlichen Wort, das zu ihm gesprochen wird, in dem heiligen Mahl, zu dem alle geladen sind, will der Ewige, der menschenliebende Gott dem einzelnen begegnen. Der einzelne mit seinem ganzen Leben wird in den großen Zusammenhang hineingenommen, der Himmel und Erde, Vergangenheit und Gegenwart, Lebende und Tote umschließt, und dadurch über sich selbst hinausgeführt. Was da geschieht, verschließt sich unserem Begreifen, aber es ist erfahrbar. Es sind die Seligpreisungen derer, die arm, traurig, hungrig, verfolgt, sanftmütig und barmherzig sind und denen zugerufen wird: Freut euch und frohlockt. Das rührt an das Geheimnis einer Verwandlung, einer Verwandlung, die jetzt im Gottesdienst geschehen soll: Gott tröstet! Das Leid der Wirklichkeit, die Rätsel der Welt sind und bleiben unfaßbar. Aber der Mensch ist nun nicht mehr allein. In seinem Mensch gewordenen Sohn leidet Gott selbst an der Not der Welt. Er trägt das Leid mit jedem seiner Menschenkinder. Dadurch fällt auf diese Welt der Lichtschein einer tieferen, verborgenen Wirklichkeit.

»Wir wissen aber, daß denen, die darauf vertrauen, daß Gott sie liebt, alle Dinge zum Besten dienen.«

NACH RÖMER 8, 28

Die Seligpreisungen

Glücklich, die ihr glaubt,
Gott ist euch ganz nah. Seine Liebe kann verwandeln.
Nun könnt ihr arm sein vor Gott und den Menschen.

Glücklich, die ihr erfahrt, wie
Gott für euch eintritt. Keine Träne ist umsonst geweint.
Nun könnt ihr Leid tragen.

Glücklich, die ihr darauf vertraut,
daß Gott euch die verheißene Heimat schenkt.
Nun könnt ihr sanftmütig, milde und gewaltlos sein.

Glücklich, die ihr schmeckt,
daß Gott wie ein sättigender Garten ist.
Nun könnt ihr hungern und dürsten
nach seiner zurechtbringenden Gnade, die allen gilt.

Glücklich, die ihr davon angerührt seid,
daß Gott verstehende und wärmende Zuwendung ist.
Nun könnt ihr barmherzig sein.

Glücklich, in deren erschütterten Herzen
Gottes Antlitz aufleuchtet.
Nun könnt ihr ihn in allem sehen.

Glücklich, die ihr den liebenden Anruf Gottes hört:
Seid mir Töchter und Söhne!
Nun könnt ihr seinen Frieden auf Erden wirken.

Glücklich, die ihr auf Gottes neue Welt vertraut.
Nun könnt ihr um seinetwillen alles fahren lassen.

Glücklich, die ihr in allem Widrigen
doch auf Gottes Liebe traut.
Nun könnt ihr fröhlich sein und lachen.

MATTHÄUS 5, ÜBERTRAGUNG NACH WORTZUSAMMENHÄNGEN

Was der alte Makarios erzählte

An einem Nachmittag ging Makarios zu einer Frau. Sie klagte: Ich kann mit dem nicht fertig werden, was ich erlebt habe. Wir sprechen von der Freude im Christenleben, aber wo ist diese Freude? Auch in der Welt sehe ich mehr Anlaß zum Weinen als zum Glücklichsein! Ja, erwiderte Makarios, du hast recht, Melania, meine Schwester, so ist diese Welt – voller Leid. Darum sehnte sich unser Volk einst nach dem Messias, der Gottes Reich aufrichten sollte. Darum erwarten wir seine Wiederkunft und den neuen Himmel und die neue Erde. Ja, rief die Frau mit Tränen, aber was hilft mir das jetzt? Und du, der du so viele tröstest, wie kannst du dieses Leben aushalten?

Makarios schwieg lange. Dann sagte er: Du fragst nach mir, Schwester. Ich will dir erzählen, wie es mir ergangen ist. Du weißt, ich war fast noch ein Kind, als ich dem Rabbi Jesus begegnete. Ich hatte gerade Bar Mizwa gefeiert, da hörte ich, ein Prophet zieht durch die Straßen Galiläas. Ich war jung und voll Haß gegen die römische Besatzung. Von dem Rabbi Jesus hatte ich gehört, daß er die Ankunft des Gottesreiches verkündete. Deshalb würde er gegen die Römer kämpfen, meinte ich. Da ging ich zu ihm. Wir zogen durch die Orte am See Genezareth. Es war Frühling, alles blühte. Ich war begeistert. Aber in jedem Ort, den wir durchwanderten, kamen die Kranken, die Ausgestoßenen, die Traurigen zusammengeströmt. Nie hatte ich bisher soviel Elend gesehen: die Aussätzigen mit abgestorbenen Gliedern, zerfressenen Gesichtern, Blinde und Krüppel, Arme in stinkenden Lumpen. Viele, die nie aus den Häusern gekommen waren, weil sie oder ihre Familie sich schämten, gesehen zu werden. Sie alle umlagerten uns. Ich hatte Angst vor den Elenden; aber Jesus ging zu ihnen. Er legte seine Hände auf sie, er sprach mit ihnen und sagte zu uns: »Es zerreißt meine Eingeweide vor Jammer, wenn ich dieses Volk sehe!«

Eines Tages war es zuviel für mich. Ich konnte es nicht mehr ertragen. Ich wollte heimlich flüchten, alles aufgeben, nur nichts mehr sehen! Um uns hatte sich viel Volk versammelt. Der Rabbi stieg auf einen Berg. Wir traten zu ihm, und er sah auf alle die, die ihn suchten, denen auch ich seine Botschaft von der Liebe Gottes hatte bringen wollen. Der Rabbi sprach lange. Mich trafen gleich seine ersten Worte. Die Worte von den Makarioi, den Seliggepriesenen, den Glücklichen. Wie kann man die glücklich preisen, die im Elend sind, die arm, traurig, hungrig und verfolgt sind? Mir schien das wie ein Hohn! Neunmal hörte ich: »Glücklich sind ... glücklich sind!«

Plötzlich sah ich die Menschen mit den Augen Jesu. Mir fiel ein Vorhang von meinen Augen, als ob Licht aus einer anderen Welt diese Erde erhellte. Und ich ahnte etwas, von dem ich nur stammeln kann: Bei denen, die im Dunkeln sind, ist Gott. Die um ihr Armsein wissen, die machen sich auf. Sie suchen, daß ihre Sehnsucht sich fülle. Sie sind offen, daß ihnen der Verborgene begegne. Da werden sie die Sanftmütigen, die Barmherzigen und die, die einfältigen Herzens sind. Aber die, die da meinen, sie haben, machen sich nicht auf. Die bleiben in ihren Häusern sitzen. Sie suchen nichts, so können sie nichts empfangen. Sie bleiben allein und sind so die wirklich Armen. Wenn wir mit Jesu Augen, mit seiner Liebe sehen, dann ahnen wir: Leben gelingt nicht ohne Leid und ohne Schmerzen. Sind es nicht gerade diese Stunden, die für uns wichtig werden, die zählen?

Ich habe den Namen Makarios, der Seliggepriesene, angenommen. Denn damals, in jener Stunde, fand ich mich als ein Armer unter Armen wieder, aber von Gott getröstet.

Wie sollten wir ohne ihn leben?

Christus breitet am Kreuz die Hände aus, um die Grenzen des Erdkreises zu umfangen. Golgatha ist der Mittelpunkt der Erde.

CYRILL VON JERUSALEM (gest. 386)

Was für ein Bild haben wir von Jesus, dem Christus? Die Erzählungen des Matthäusevangeliums malen ihn als den Heilenden. Wer gespalten, zerrissen und zerfallen ist, wird von ihm geheilt. Sind wir noch fähig, diese Macht zu erleben? Sind wir geheilt? Haben wir hin und wieder aus der Kraft des Bildes von Jesus als Erlöser heilende Kräfte empfangen? Sind wir von dieser Kraft ergriffen worden? Ist sie stark genug, unsere neurotischen Züge zu besiegen? Haben wir in gnadenvollen Augenblicken die Angst in der Tiefe unseres Herzens besiegt, die Rastlosigkeit, die heimlichen Verdrängungen? Haben wir dann und wann in gnadenvollen Augenblicken erfahren, daß wir ganz gemacht wurden und daß nunmehr Freiheit uns beseelt? Widerfuhr uns das durch die Macht des Bildes Jesu, des Erlösers?

PAUL TILLICH (1886–1965)

Wieviel ist das Gebet zu wirken imstande? Es stellt zwar nicht die Engel des Morgentaus in die Mitte der Feuerflammen. Es stopft nicht den Rachen der Löwen. Es bringt nicht den Hungernden das Mittagsbrot. Das Gefühl des Leidens wird nicht durch abgesandte Gnade abgewendet. Wohl aber rüstet es leidende, fühlende und schmerzempfindende Wesen mit der Kraft zu dulden aus. Es vermehrt die Gnade, so daß der Glaube sich bewußt wird, was er von Gott erhält.

TERTULLIAN (ca. 160–ca. 220)

Mein Seel nit laß versinken

In stiller Nacht, zur ersten Wacht
ein Stimm begann zu klagen,
am düstern Ort, im Garten dort
begann ein Herz zu zagen.

Ein Kreuz mir vor den Augen schwebt,
o weh der Pein und Schmerzen.
Dran soll ich morgen werden erhebt,
das greifet mir zum Herzen.

Ach, Vater mein, und kanns nit sein,
und muß ichs je dann wagen,
will trinken rein den Kelch allein,
kann dirs ja nit versagen.

Der schöne Mond will untergehn,
für Leid nit mehr mag scheinen;
die Sternen lan ihr Glitzen stahn,
mit mir sie wollen weinen.
Kein Vogelsang noch Freudenklang
man höret in den Lüften,
die wilden Tier auch trauern mit mir
in Steinen und in Klüften.

Ach Vater, liebster Vater mein,
und muß den Kelch ich trinken;
und mags dann ja nit anders sein,
mein Seel nit laß versinken.

FRIEDRICH SPEE (1591–1635)

Das
Menschenantlitz

Nachmittag
16 Uhr

Der Zeiger der Uhr steht auf Vier

Das Mittagstief ist jetzt überwunden. Die meisten von uns finden sich um diese Zeit noch im Getriebe der Alltagsaufgaben. Wir müssen unsere Kräfte aktivieren, um unsere Pflichten erfüllen zu können. Dabei sind wir in einen Kreis von Menschen hineingebunden, auf den wir in wechselseitiger Abhängigkeit angewiesen sind. Da ist das offene und vertraute Antlitz des Menschen, auf den wir uns verlassen können, mit dem wir hier und da ein gutes Wort austauschen. Da ist der, bei dessen Anblick sich in unserem Inneren etwas zuschnürt, der uns den Tag schwer macht. Da sind diejenigen, die wir zwar äußerlich kennen, zwischen ihnen und uns aber steht eine unsichtbare Mauer. Nichts wissen wir wirklich voneinander. Wir bleiben hinter einer beruflichen Schutzmaske versteckt.

Vielleicht wandern jetzt am Nachmittag unsere Gedanken auch schon voraus auf den Heimweg. Viele Menschen werden an uns vorbeiströmen, eine namenlose Masse, ohne Gesicht. Dann kommen wir nach Hause. Wir begegnen unseren Nachbarn, wir kommen in unsere Familie. Wie sehr sind wir von der Art unserer mitmenschlichen Beziehungen abhängig! Wir brauchen den, dessen Antlitz uns vertraut ist; wir leiden unter Spannungen, Fremdheit und Einsamkeit. Oft sagen wir: Ach, die Arbeit, die macht Freude. Das ist nicht mein Problem! Aber die anderen, die Atmosphäre zwischen uns, das Gefühl, unverstanden zu sein, das lähmt! Ob unser Leben gelingt, hängt vor allem von unseren Beziehungen zum anderen ab. Gerade hier beginnt unsere tiefste Schwierigkeit. Hier sind wir oft so ohnmächtig. Hier können wir alle nur selten »vernünftig« handeln. Keiner kann – und will – über seinen Schatten springen. Warum nicht?

Das Menschenantlitz

Wir alle reagieren weitgehend unbewußt, aus dem Bedürfnis heraus, uns absichern zu müssen. Wir alle brauchen die Erfahrung, »etwas wert zu sein«, unser ganzes Leben lang. Ist uns dieses Gefühl des Urvertrauens durch die Liebe von Mutter und Vater mitgegeben worden, als wir noch klein und abhängig waren? Ist es uns später zugewachsen in der Begegnung mit Menschen, im Beruf, in der Ehe, als Geschenk des Glaubens? Wo unser Selbst- und Lebensvertrauen verunsichert ist oder durch Schwierigkeiten neu verunsichert wird – wer bleibt frei davon? –, da müssen wir um unser Wertgefühl ringen. Oder wir müssen es uns und anderen beweisen, uns selbst rechtfertigen. Stehen wir dann in der Versuchung, durch äußere Stärke oder auch Schwäche Beachtung gewinnen zu wollen? Jedes Gefühl von Unsicherheit macht angst. Darum wollen wir es aus Selbstsicherung vor dem anderen wie hinter einer Maske verbergen. Das verhindert gegenseitiges Verstehen. Ebenso müssen wir bei dem Rollenverhalten, mit dem wir den Bedürfnissen anderer zu entsprechen haben, unser eigentliches Gesicht verbergen. Wie selten können wir »wir selbst« sein und das, was uns wirklich bewegt, offenbaren?

So treffen wir den anderen, oft mit wenig Spannkraft, um für ihn offen zu sein. Wir sehen nur sein äußerliches Sich-Geben. Wir verstehen nicht, warum er so ist. Wir sehen sein wahres Antlitz nicht und halten die Maske für Wahrheit: Unser Urteil steht fest, wir reagieren entsprechend. Wir sehen nicht den bedürftigen, sehnsüchtigen Menschen, der sich dahinter verbirgt. Mauern wachsen zwischen uns, wie wenig lassen wir den anderen uns nahe kommen! Nur der, den wir verstehen, wird uns zum Menschen-Bruder, zum Mitmenschen: Darum laß mich dein wahres Antlitz sehen, Bruder, daß ich dich verstehe!

Alltagsbericht

Eine berufstätige Frau übernimmt eine neue Stelle. Gleichzeitig zieht sie in eine größere Wohnung. Von vornherein ist verabredet, daß eine Koreanerin, die als Untermieterin in dieser Wohnung lebt, noch einige Monate bleiben kann, bis sie ihr Studium beendet hat. Das erste Kennenlernen verläuft kühl: Beiderseits Zurückhaltung. Die neue Mieterin, Frau A., ärgert sich darüber, daß immer wieder der Schlüssel von innen steckt, wenn sie vor dem Umzug in die Wohnung muß. Es stört sie, wie die Studentin sich in Küche und Bad ausgebreitet hat. Die Nachbarn warnen: Da wohnt nicht nur eine! Man sieht sie fast täglich zu dreien. Sie läßt unerlaubt Landsleute bei sich wohnen! Mißtrauen breitet sich aus. Die neue Wohnungsinhaberin ist entschlossen, vom ersten Tage an auf Distanz zu achten, ihre Rechte zu wahren und das unzulässige Wohnen anderer abzustellen. Nein, man muß sich absichern!

Zwei Tage vor dem Umzug. Das alleinstehende Haus wirkt bei dem grauen Wetter noch abweisender. Die Wohnung ist kalt und leer. Die neue Mieterin beginnt fröstelnd, den letzten Handwerkerstaub wegzuwischen. Ihr ist elend zumute, alles ist fremd, sie fühlt sich allein. Da klopft es, scheu kommt die Koreanerin herein: »Ich wollte Sie fragen, ob Sie bei mir zu Mittag essen mögen? Sie haben doch noch nichts hier!« Erstaunt sieht Frau A. die Fragende an: Merkwürdig, dieses immer ein wenig lächelnde, aber so starre Gesicht. Eigentlich sehen diese Fremden alle gleich aus. Man kann sie gar nicht unterscheiden! Aber jetzt ist sie dankbar für das Angebot. Dann sitzen die beiden zusammen. Zum ersten Mal in ihrem Leben versucht Frau A., dieses fremde, würzige Gericht mit Stäbchen zu essen. Dabei kommen sie ins Gespräch. Die Studentin erzählt von Zuhause, von ihrer Familie. Wie es ihr schwerfällt, so entfernt von ihrer Heimat zu leben. Hier ist der Himmel oft grau, hier sind wenig Menschen, mit denen man sprechen kann, sie sind so anders als daheim, sie sind oft wenig gastfreundlich. Sie erzählt von ihrer Angst vor dem Alleinsein in dem leeren Hause, wie sie deshalb die Schlüssel von innen stecken ließe, wie sie deshalb zwei Freundinnen, die am Studienort wohnen, bäte, sie oft zu besuchen.

Frau A. schaut die Erzählende an. Und dabei geschieht es, daß sie in ihrem Gegenüber plötzlich den Menschen sieht. Die Maske der lächelnden Fremdheit verschwindet. Die Landschaft dieses Gesichtes wird sprechend. In ihr spiegeln sich die wechselnden Gefühle: Liebe, Wärme, Sehnsucht, wenn sie von Zuhause spricht; dunkle Schatten, Angst, Unsicherheit, wenn sie von ihrer Fremdheit, ihrem Einsamsein erzählt. Sie nennt ihren Namen und übersetzt ihn: »Lächelndes Herz!« Nun berichtet auch Frau A. von sich. Davon, wie sie sich unsicher fühlt in dem neuen Ort, in der fremden Wohnung, vor der unbekannten Arbeit. Plötzlich ist das Bedürfnis der beiderseitigen Absicherung wie weggenommen. Zwei Menschen sitzen beieinander in Offenheit und ohne Masken. Sie haben zusammen gegessen. Sie sind einander begegnet. Sie haben einander wahrgenommen und ein wenig verstehen gelernt.

Am Abend des Umzugstages erzählt Frau A. am Telefon von ihrer Erfahrung: Jetzt waren auch die beiden anderen Studentinnen da. Merkwürdig, plötzlich habe ich gesehen, wie verschieden ihre Gesichter sind! Aber am sprechendsten ist für mich doch das Antlitz meiner Koreanerin, des »Lächelnden Herzens«. Ich bin richtig froh, daß ich diese erste Nacht nicht allein hier schlafe. Ich freue mich, daß sie mit mir im Hause ist.

Was der alte Makarios erzählte

Einmal saß eine Gruppe bei Makarios zusammen. Es hatte Unstimmigkeiten zwischen den Neuzugezogenen und den Einheimischen gegeben. Daraufhin war einer der Zugezogenen ohne Abschied nach Norden zurückgegangen. Nach längerem Gespräch sagte der Jüngste in der Gruppe: Brüder, jetzt sind wir traurig, daß der Neue weggegangen ist. Er war so fremd und oft anderer Meinung als wir. Gerade ich habe ihn eigentlich von Anfang an nicht verstanden. Aber jetzt frage ich mich: Warum verstehen wir einander so schwer? Warum gibt es Streit zwischen uns? Was habe ich versäumt?

Makarios hatte schweigend zugehört. Jetzt antwortete er lebhaft: Ja, da hast du recht, Bruder Theodoros! Auch ich frage mich das! Und gleichzeitig geht mir durch den Sinn, wie es damals bei uns war, als wir mit dem Rabbi durch Galiläa zogen. Da ging es auch nicht glatt! Wir waren sehr verschieden. Johannes und Jakobus waren oft anderer Meinung als Petrus. Und Thomas ärgerte uns mit seinen immer neuen Bedenken. Dann waren die unter uns, die es mit den Römern gehalten hatten; es gab oft Streit. Und gerade in den Augenblicken, wenn unser Rabbi ganz Wichtiges im Sinn hatte: als er zuerst von seinem Leiden sprach; als er das letzte Abendmahl mit uns feierte – ich schäme mich beinah, das zuzugeben –, wir haben uns in seiner Gegenwart gestritten, wer der Erste unter uns ist. Wie war das möglich? Ich denke, wir wären alle die gleichen geblieben ohne diesen Streit. Wir haben daran gelernt: Es ist nötig, vorwärts zu gehen, sich zu ändern, einander wirklich zu sehen, einander anzunehmen. Bis Matthäus unter uns war, haben wir alle abgelehnt, die mit den Römern arbeiteten. Durch ihn verstanden wir vieles besser. In Johannes und Jakobus, in ihrem Streben, die Ersten zu sein, mußten wir uns alle selbst erkennen. Aber dabei war eins für mich unbegreiflich: Unser Rabbi, der Zimmermannssohn, reagierte anders, als wir es taten. Er war zwar auch mal ungeduldig. Doch er hielt zu uns. Als Judas ihn mit einem Kuß verriet, sagte er doch zu ihm: »Mein Freund!« Brüder und Freunde hat er uns genannt, selbst nachdem wir alle versagt haben. Wie war das möglich?

Oft forderte er uns auf: »Seht!« Dabei waren wir nicht blind. Aber haben wir wirklich gesehen? Haben wir den jungen Bruder, der uns verlassen hat, wirklich gesehen? Haben wir ihn verstanden? Bei dem Rabbi haben wir erfahren, was das heißt: mit offenen Augen zu sehen! Bei ihm wußte man: Ich kann mich nicht verstecken, aber ich brauche es auch nicht. Er sah den Menschen so, wie Gott uns sieht: mit den Augen der Liebe, geschaffen nach seinem Bilde. Es tat gut, es war heilend, wie er uns ansah! Ja, Brüder Jesu, das sind wir auch heute trotz unserer Schwächen. Das wird mir besonders deutlich, wenn wir miteinander das »Vaterunser« sprechen: sein Gebet, sein Vermächtnis an uns. Brüder, Geschwister kann man sich nicht aussuchen. Auch der, der anders ist als wir, ist auf seine Art Bruder und Ebenbild Gottes.

Da stand der Jüngste in der Gruppe auf und sagte: Ich werde mich morgen auf den Weg nach Norden machen! Vielleicht finde ich dort den Neuen und kann mit ihm als unserem Bruder wieder zurückkehren!

Jesus sagt (außerbiblisch überliefert):
Hast du deinen Bruder gesehen,
so hast du deinen Gott gesehen.
CLEMENS ALEXANDRINUS (gest. 215)

Einer erzählt von seinen Geschwistern

Er sagt: Ich kann an meine Kindheit nicht denken, ohne mich an meine Geschwister, vor allem an meine großen Brüder zu erinnern. Was habe ich ihnen alles zu verdanken! Bei ihnen lernte ich Radfahren und Tanzen, mit ihnen bestieg ich Bäume und Berge. Sie holten mich heraus, als ich durch die Brandung nicht mehr zurückschwimmen konnte. Wenn mir von der Schar rauher Nachbarskinder Gefahr drohte, so genügte mein Wort: »Ich sag's meinen großen Brüdern!« Und dann war ich sicher. Mein Selbstgefühl ist bis heute durch solche frühen Erfahrungen bestimmt. In meiner Erinnerung ist auch manch heftiger Streit aufgezeichnet, deftige, erzieherische Ohrfeigen, ohnmächtiges Festgebundenwerden beim Indianerspiel, braves Jagdhundspielen, wenn die Großen »auf Jagd« gingen. All das machte mein Leben reich und rief meine eigenen Kräfte wach. Hinzu kam die Schar der Freunde, die sie mit nach Hause brachten, und später die Freundinnen, bei denen ich Vermittlerrolle spielte. Heute, nach dem Tod der Eltern, weiß ich, wenn Not da ist, stehen wir Geschwister zusammen. Ich finde bei ihnen ein zweites Zuhause. Ich weiß dankbar um Menschen, deren Gesichter mir vertraut und lieb sind, denen ich mich – in aller Verschiedenartigkeit – zugehörig weiß. Ohne Brüder, Schwestern und Freunde wäre mein Leben arm. Und oft bin ich später Menschen begegnet, die mir zu Schwestern, zu Brüdern geworden sind.

Kommt es daher, daß ich das Wort vom »Bruder Christus« so gerne höre oder die Berichte, daß Gott mit Mose wie mit einem Freunde redete?

Was ist es nur um das Menschenantlitz?

So viele Menschengesichter habe ich schon gesehen. Ich habe sie betrachtet und befragt; aber habe ich auch nur einmal ein Menschengesicht wirklich lesen können – außer wo ich den Menschen liebte, der es trug?

Vieldeutig wie bewegte Landschaften sind Menschengesichter, schwer zu lesen im ganzen. Wie vieles in unseren Gesichtern ist nur Maske, hinter der Hilflosigkeit und Menschenfurcht sich bergen – oder auch Geltungssucht und Anspruch. Verzweifeln wir nicht oft genug daran, daß es möglich sei, überhaupt noch hindurchzustoßen durch all diese Vieldeutigkeit und Maskenstarrheit? Aber durchstoßen worauf? Ich glaube trotz aller Erfahrung, daß hinter allen Schlacken und Verdunklungen in uns das Ebenbild Gottes von der ersten Schöpfung her aufbewahrt ist; und ich glaube ferner, daß es geboten ist, im Nächsten immer wieder dieses Ebenbild anzusprechen, als ob die Masken und Ablagerungen der Seele nicht den Zugang zu diesem Ebenbilde sperren könnten. Bedürfen wir es nicht alle, daß so an uns geglaubt wird? Hilft es uns nicht immer wieder wunderbar empor, wenn sich Menschen finden, die in uns gläubig und unbeirrt das Ebenbild ansprechen?

WILLY KRAMP

Mitten in der zerrissenen Schöpfung lebt Jesus ununterbrochen im Gehorsam gegen seinen Vater und in der heilenden Aufmerksamkeit zum Nächsten hin. Jesus ist das Ebenbild Gottes, das vollendet gelebt wurde.

PAUL DEITENBECK

Das Tor
in den Abend

Nachmittag
17 Uhr

Der Zeiger der Uhr zeigt auf Fünf

Auf dem Weg durch die Stunden erreichen wir eine Schwelle der Zeit. Ein Tag, vom Aufgang der Sonne bis zu ihrem Niedergang, vergeht. Mit dem scheidenden Licht sinkt der Tag in den heraufsteigenden Abend. Zeiten des Übergangs tragen ein doppeltes Gesicht, die schmerzliche Spannung sehr verschiedener Erfahrungen.

Mit dem Licht des Tages sinken auch unsere Erwartungen, unsere Vorsätze, die wir bei Tagesbeginn hatten. Was haben wir vollbracht? Vieles kam anders, vieles bleibt unerledigt zurück. Unsere Kräfte sind verbraucht. Das Gefühl der Vergeblichkeit schleicht sich ein. Wozu am Morgen sich anstrengen, wenn am Abend so wenig vollendet ist? Wenn zu unserer Müdigkeit noch dunkles, graues Wetter kommt, ist diese Stunde für Schwermut empfänglich. Wir brauchen Mut, ein Gegengewicht! Aber wodurch?

Viele von uns machen jetzt die Tür zur Arbeitswelt hinter sich zu und öffnen eine andere, die Tür in den Abend. Was tun wir? Hilfreich ist es, einen Augenblick innezuhalten. Wir könnten eine Wandlung wahrnehmen, die sich in der Tiefe vollziehen will. Es gilt, von unserem aktiven Tun Abschied zu nehmen und sich für eine andere Erfahrung zu öffnen. Können wir zurücklassen, was uns müde und beladen macht? Nehmen wir das verborgene Angebot dieser Stunde an und sagen ja zu dem Bruchstück Welt, zu dem Bruchstück Mensch, zu dem Bruchstück Tag, den wir erlebt haben?

Merkwürdige Weisheit der frühen Völker, für die der Tag am Abend begann! Noch heute fängt für den Juden der Sabbat am Freitag beim ersten Sternenlicht an. Der »Heilige Abend« ist der Abend vor Weihnachten, der Sonnabend der Beginn des Sonntags! Warum?

Das Tor in den Abend

Am Tage setzten wir Kräfte ein, konnten – vielleicht – etwas schaffen. Wir waren aktiv! Jetzt dürfen wir müde und verbraucht sein. Vom »Zuhause« erhoffen wir, ein wenig »wir selbst« sein zu können. Aber erwartet uns da nicht neu eine Aufgabe? Müssen wir nicht wieder etwas leisten? Sind wir getrieben, weiter aktiv zu sein?

Wäre es nicht besser für uns, umzuschalten? Können wir der anderen Lebensweise in uns Raum geben? Dem Kinde, dem Künstler, der Frau, die in jedem von uns leben wollen? »Feierabend«, »Zuhausesein« möchten seit alters den Menschen dies schenken. Bisher haben wir geleistet, jetzt können wir empfangen. Dabei kommt es nicht zuerst darauf an, was auf uns wartet, sondern wie wir es tun. So kann sich unser Leben erneuern und ganz werden.

Darum ist es eine Hilfe, auf der Schwelle zum Abend einen Augenblick der Besinnung zu suchen: in der Tiefe bei uns selbst einkehren, damit wir die Last des Tages hinter uns »lassen«, um »gelassen« in das Tor des Abends einzutreten. Das kann auf dem Heimweg sein, im Auto, hinter einer Zeitung im Bus, in einer Kirche, in einem Park, im Augenblick der Entspannung zu Hause. »Geh in dein Kämmerlein und schließ die Tür hinter dir zu!«

Warum begann für die Alten der Tag mit dem Abend? Ist das nicht Hinweis auf eine Lebensweisheit, ein Geheimnis unseres Menschseins? Am Anfang unseres Lebens steht das, was wir empfangen, die Bergung. Es beginnt im dunklen Mutterschoß mit dem ersten Einatmen. Nur Kräfte, die wir aufnehmen, können wir als Kräfte einsetzen. Am Ende unseres Lebens steht nicht das, was wir tun; es werden uns Beschenktwerden und Geborgensein erwarten.

Wir werden ohne Verdienst gerecht aus seiner Gnade.
Römer 3, 24

Begreifen wir Menschen das Leben?

An der Schwelle zwischen Tag und Abend erfahren wir, unser Leben »fliegt dahin, als flögen wir davon«. Der Dichter Thornton Wilder fragt: »Begreifen die Menschen jemals das Leben, während sie's leben – jeden Augenblick?« Er antwortet: »Nein, blind sind die Menschen, nichts als blind: Die Zeit dahinbringend und verschwendend, als ob man eine Million Jahre zu leben hätte ... Wir haben nicht einmal Zeit, einander anzusehen!«

Unaufhaltsam sind wir eingebunden in den Ablauf der Zeit. Ein paar kurze Jahre leben wir nur auf dieser Erde. Muß es sein, daß wir »unsere Jahre dahinbringen wie ein Geschwätz?« (Psalm 91)

Zwischen den Aussagen des modernen Dichters und dem Wort des Psalmsängers liegen dreitausend Jahre. Alte Wahrheit, neu erfahren! Heute, in unserer so bedrohten Welt, klingt die Frage verschärft auf: Begreifen wir unser Leben, während wir es leben?

Das Mittelalter antwortete mit dem Rat: memento mori: Gedenke daran, daß du sterblich bist! Dieser Rat will nicht einen bedrückenden Schatten auf das Heute fallen lassen. Nein, er möchte uns die Augen öffnen! Im Glanz des Abendlichtes kann uns die Kostbarkeit unseres Lebens und des Lebens der mit uns Verbundenen sichtbar werden. Eine neue, andere Gelassenheit und eine neue, andere Freude können so unser Leben erfüllen.

Der Psalmist betet: »Lehre uns bedenken, daß wir sterben müssen, auf daß wir klug werden!« Oder anders gesagt: »Lehre uns unsere Tage zählen, auf daß wir ein weises Herz gewinnen.« Bewältigung des Alltags – ein Schritt dazu wäre, das mitzusprechen: »Lehre uns unsere Tage zählen, damit wir die neuen Augen gewinnen!«

Die neuen Augen

Der Trunk des Wassers mundet reiner
und unergründlich grün der Wald:
mit solchen Augen schaute keiner
die Pracht geschaffener Gestalt.

Beglückend ist das weiche Wehen
der Abendluft vom Tale her.
Ja, Glück das Auf- und Niedergehen,
das Stehn und Schaun. Wer wollte mehr?

Ist keines klein, seit uns die Hüfte
der Todesengel angerührt.
Und zwischen Gräber hin und Grüfte
die schmale Straße vorwärtsführt.

Er kam, das Leben erst zu pressen
und auszukeltern in Gefahr.
Wir wußten nicht, was wir besessen,
bevor es uns gefährdet war.

JOHANN CHRISTOPH HAMPE

Bist du nie des Nachts durch den Wald gegangen,
wo du deinen eigenen Fuß nicht sahst?
Doch ein Wissen überwand dein Bangen:
dich führt der Weg.
Hält dich Leid und Trübsal nie umfangen,
daß du zitterst, welchem Ziel du nahst?
Doch ein Wissen übermannt dein Bangen:
dich führt der Weg.

CHRISTIAN MORGENSTERN (1871–1914)

Was der alte Makarios erzählte

Makarios war von einer Reise heimgekehrt. An einem Spät-
nachmittag besuchte er eine Frau, die krank lag. Er kam in
die niedrige Stube. Durch das Fenster fiel das Abendlicht
herein und spiegelte sich hell im Gesicht der Frau. Bruder
Makarios, sagte die Frau, gut, daß du gekommen bist! Ich
muß dir erzählen. Du weißt, wie ich gegen meine Krankheit
murrte. Ich konnte für andere nichts mehr leisten. Ich fiel
den Meinen zur Last. Ich sah keinen Sinn mehr in meinem
Leben. Es war alles anders, als ich es mir gewünscht hatte.
Du weißt, in mir war es wie zugemauert. Ich verstummte.
Ich wurde bitter. Einmal hast du mir erzählt, wie Jesus
Kranke heilte. Was sollte mir das nützen? Ich, ich wurde
davon nicht gesund! Auch zu Gott konnte ich nicht mehr
sprechen. Ich war stumm. Warum hat er mich so geschlagen?

Du weißt, ich liege hier viele Stunden allein, still in
meinem Zimmer. Einmal, vor Wochen, fiel mir ein, was du
von dem Taubstummen erzählt hast. Ich sah es vor mir:
Jesus nimmt ihn behutsam an die Hand; er führt ihn abseits.
Er ist allein mit ihm; er legt ihm die Hände auf. Er berührt
seine Ohren und benetzt seine Lippen. Und Jesus sieht auf
zum Himmel und seufzt und sagt zu dem Kranken: »Hephata!« Tue dich auf! Plötzlich verstehe ich, das gilt mir! Ich
höre eine leise Stimme, die sagt zu mir: »Hephata!« Tue
dich auf! Das ist kein Erdbeben und kein Sturm, auf die ich
wartete. Das ist wie ein Anhauch, eine Berührung. Da hat
sich eine Tür in meinem Herzen geöffnet. Es ist, als ob
Christus bei mir eintrat. Meine Starre beginnt sich zu lösen.
Ich sehe mit anderen Augen, ich höre mit anderen Ohren. Es
ist mir, als hörte ich die Melodie meines Lebens, »wie Gott
die Laute spielt«. Im Rückblick ahne ich etwas, wie mein
Leben gemeint ist. Auch meine Krankheit, auch daß ich
nichts mehr leisten kann, alles das gehört in mein Leben. Es
ist, als ob Gott um mein Einverständnis bittet, um mein
»Ja«. Da ist etwas an mir und mit mir geschehen. So wie es
unsere Schriften sagen: »Gib mir, mein Sohn, dein Herz und
laß deinen Augen meine Wege wohl gefallen.« Ich brauche

nicht mehr zu murren. Ich verstehe nicht, aber die zerstö-
rende Frage »Warum?« verläßt mich langsam.

Meine Krankheit ist nicht geheilt, aber meine Verschlossenheit ist geöffnet. Ich bin, so würdest du sagen,
versöhnt mit Gott! Ich bin im Frieden.

Lange saß Makarios neben der Frau und schwieg. Er
faßte ihre Hand: Mirjam, Schwester, hab Dank, daß du mir
das erzählt hast! Ich kam verwirrt und voller Fragen von
meiner Reise zurück. Aber jetzt sehe auch ich wieder eine
offene Tür. Als ich dich ansah, Mirjam, da sah ich plötzlich
Jesus vor mir, der zu uns sagte: »Ich bin die Tür, ich rufe die
Meinen bei Namen und führe sie heraus. Ich bin die Tür.
Wer durch mich hereinkommt, wird ein- und ausgehen, der
wird Heil erfahren und das Leben haben und volles Genü-
ge!« Das, meine Schwester, hast du erfahren, und du hast
mich wieder auf diesen Weg geführt.

Uns scheint es oft, daß Gott hinter einer Mauer verborgen ist. Christus ist das Tor, durch das wir den Zugang zu
Gott, zu seiner Liebe finden!

Jesus spricht (außerbiblisch überliefert):
Ich bin die Tür des Lebens. Wer durch mich eingeht, geht in
das Leben ein.
Pseudo-Clementinen (um 350)

Es ist grau und kalt

Ich fühle mich einer Bedrückung ausgeliefert. Immer stärker dringt sie in mich ein. Es sind so viele Ereignisse ringsum, die mich belasten.

Ich bin so müde. Ich stütze mein Gesicht in die Hand. Ich schließe die Augen. In mir ist so viel Zerrissenheit und Sehnsucht. Bin ich dem Dunkel und der Kälte ausgeliefert? Ich versuche, die Verspannungen und das Vibrieren meines Körpers von der Stirn bis in die Gliedmaßen hinein zu lösen. Ich atme tief aus und ein. Still werden. Sich fallen lassen. Fest im Sitzen ruhen. Die Stimmen um mich herum rücken ferner.

Da steigt eine Erinnerung vor mir auf:
Ich sehe, wie ich an einem dunklen, naßkalten Winterabend eine Kerze im Raum meiner Hände, wärmend und leuchtend, vom Weihnachtsgottesdienst nach Hause trug, sie behutsam vor Wind und Schneeflocken schützend. Romantik? Hinweis auf Wirklichkeit?

Eine orthodoxe Melodie klingt in mir auf:
»Jesus Christ, Gottes Sohn, Licht der Welt,
erleuchte mich! Erbarme dich!«
Ohne äußeren Laut höre ich auf den Klang in mir.
Ich wiederhole die Tonfolge, die Worte.
Ich atme tief. Es ist still in mir geworden.
Nach einer Weile blicke ich auf.
In mir klingen die Melodien, die Worte.
Irgendwie fühle ich mich nicht mehr so ausgeliefert:
Herzensgebet heißt das in der Tradition der Ostkirche.

Das Leben – ein Weg

Das Leben wird ein Weg genannt, denn wer geboren wird, der eilt zu einem Ziele. Wer auf einem Segelschiff eingeschlummert ist, wird ganz von selbst durch Windesgewalt zum Hafen geführt. So eilt auch jeder von uns, stets bewegt und niemals still, im Strom der Lebenszeit dem eigenen Ende zu. Du schläfst, die Zeit eilt weiter. Du wachst, das Leben geht dahin, ohne daß du darauf achtest. Darum sind wir alle auf dem Wege. Und so magst du den Sinn des Weges verstehen:

Ein Wanderer bist du in diesem Leben! Du siehst am Wege die Blume, das Wasser – eine kurze Freude, dann gehst du vorüber. Du triffst Schluchten, wildes Getier und andere Widerwart – ein wenig Angst, dann bist du vorbei. Also ist das Leben – weder seine Lust bleibt, noch sein Leid. Der Weg ist nicht dein, aber auch was dir begegnet ist nicht dein. Heute pflügst du die Erde, morgen ein anderer. Schau die Äcker und die stolzen Häuser!

Wie oft, seitdem sie da sind, wechselten sie schon den Namen. Ist also unser Leben nicht ein Weg, der bald den einen, bald den anderen aufnimmt?

BASILIUS DER GROSSE (329–379)

So sagte Jesus (nach alten Handschriften):
Eine Leuchte bin ich dir, der du mich siehst.
Ein Spiegel bin ich dir, der du mich anschaust.
Eine Tür bin ich dir, der du an mir klopfst.
Ein Weg bin ich dir, dem Wandernden.

JOHANNES-AKTEN (um 160 in Kleinasien geschrieben)

Nach Hause
kommen

Abend
18 Uhr

Der Zeiger der Uhr zeigt auf Sechs

Nach Hause kommen... von der Arbeit, vom Einkauf, müde, mit schweren Beinen, mit Druck im Kopf, ausgelaugt.

Was heißt es heute für mich, nach Hause zu kommen? Es ist die Wohnung, das Zimmer, in das ich komme; kein Mensch ist da, der auf mich wartet, und doch will ich mich freuen! Nach der Anstrengung des Tages, dem Lärm, den vielen Gesichtern, an denen ich vorbeiging, nach dem kalten, grauen Tag: Ich freue mich auf Wärme und Licht, auf Vertrautheit und Ruhe, auf »mein Gedinge«, auf den Menschen, den ich gern habe, der am Abend zu mir kommt.

Nach Hause kommen... Der eine findet seine Familie, Freude und Sorgen, Streit, neue Mühe und Anstrengung. Der andere kommt in eine kalte, leere und unvertraut gewordene Wohnung, vor der er sich ängstet, weil ihn, den Einsamen, dort das Alleinsein doppelt überfällt.

Nach Hause kommen... den größten Teil meines Tages und meiner Nacht bringe ich in den Räumen zu, die jetzt »mein Zuhause« sind. Heute erwacht Verstehen dafür, daß wir das als Ausgleich brauchen. Wir brauchen Bergung, eine »Höhle«, die uns entlastet, wo wir »wir selbst« sein können. Gerade für mich als Alleinstehenden ist es lebenswichtig, daß ich in diesem Raum »lebe«, daß er mir zum Freunde wird, daß er mich zugleich an die lebendigen Beziehungen erinnert, in die auch ich hineingehöre.

höhle
dunkel leuchtende höhle
wo wir
wärme suchen und zuflucht
bei feuer und freunden
schöne höhle du gott
in der wir
immer schon gingen
und wußten es nicht

KURT MARTI

Nach Hause kommen

Nach einem kalten, grauen Tag gehe ich zurück nach Hause. Da spüre ich frische Luft. Ich sehe auf: Ein heller Vorfrühlingsabend! Auf dem Weg durch die Straßen gewinne ich einen freien Blick zum gold-grünen Westhimmel. Über den Dächern blinkt verheißungsvoll die schmale Sichel des jungen Mondes, und nicht weit davon entdecke ich das blitzende Licht des Abendsterns, der Venus, des Sterns der Liebenden. Wie schön! Erinnerungen an liebe Menschen steigen in mir auf. Werden sie jetzt auch zum Abendhimmel sehen und sich über Mondsichel und Abendstern freuen? Gute Wünsche werden wach und hoffen auf Erfüllung...
»wenn der volle Mond sich rundet...«
Ich gehe zurück durch den Abend. Aus einem Garten höre ich das perlende Lied eines Rotkehlchens. Vor mir sehe ich das Haus, in dem ich wohne. Darüber leuchtet der helle, offene Himmel. Ich habe das Licht des Abendsterns gesehen! Wie ein Freund sprach er zu mir. Die Last des Tages verwandelt sich. Ich kann nicht mehr traurig sein!

Abendstern – du Wächter im Leuchten
blauen Windes...
Abendstern, unter dem Bogen deines goldenen
Feuers
Weiß ich die Nacht, die nur Nacht ist, nicht mehr.
ODYSSEAS ELYTIS, KRETA

Heimkehr

Gang durch den Garten am Abend: Gefühl der Heimkehr; Austausch von Stille! Zärtlichkeit gegenüber diesem emsigen, sanften Leben. Dankbarkeit dafür, Anteil zu haben an dem, was wächst. Nach den Widersprüchen des Tages einen Augenblick ruhig dazustehen, wie ein Strauch im Durchzug der Vögel! Schauen, ja – aber noch mehr: sein! Die Wurzel spüren und den Sinn. Sich einlassen in das Glück der Stunde, den einen, einzigen Tag der Irisblüte! Standhalten dem Erlöschen der Farben, dem Erlöschen des eigenen Gesichts. Hoch oben treiben die Baumwipfel den Sternen zu...

Ich gieße gern. Es ist ein Augenblick der Kontemplation, des Gesprächs mit unseren Blumen. Während des abendlichen Gießens ist es, daß ich die tausend kleinen Wunder entdecke, mit denen ein Garten lebt...

Wachsen, Farbe, Duft – Stille, vollkommene Stille. Sich der Sonne zuneigen, sich dem Regen auftun, die Nacht einatmen, das Zirpen des letzten Vogels, den Schlaf der Biene, Tau...

Die Erde atmet Ruhe; aus dieser Ruhe heraus wächst das Jahr, steigt und fällt.

Marietta Peitz

Wenn ich mit meinen Kräften Gott nicht loben kann, sende ich alle Kreaturen und heiße sie, Gott für mich preisen mit all ihrer Weisheit, mit all ihrer Liebe, mit all ihrer Schönheit, mit all ihrer Sehnsucht, wie sie unverletzt von Gott geschaffen waren, und auch mit all ihren Stimmen, wie sie nun singen. Wenn ich dieses große Lob anseh', dann ist mir nirgends weh!

Mechthild von Magdeburg (13. Jahrhundert)

Da die Sonne nun sinkt und sich das Dunkel mehrt...

Guter König und Herr, / der uns das Licht erschuf,
der dem Wechsel der Zeit / sichere Ordnung gab, –
da die Sonne nun sinkt / und sich das Dunkel mehrt,
sei uns Leuchte und Licht, / Christus, dein Angesicht.

Wie du Israels Volk / einst durch die Nacht geführt,
ihm als feuriger Schein / Richtung und Weg gezeigt,
so geleite auch uns, / die wir im Finstern gehn,
zieh uns leuchtend voran, / Flamme, die nie erlischt.

Was kann würdiger sein / nun, da der Tag sich neigt,
als dem währenden Licht / Lob und Gesang zu weihn:
Gott, der strahlend im Glanz / ewiger Helle wohnt,
ihm sei Ehre und Preis / jetzt und durch alle Zeit. Amen.

ABENDHYMNUS DES PRUDENTIUS (348–405)

Wenn abends um sechs Uhr die Glocken der Gefängniskirche zu läuten anfangen, dann ist das der schönste Augenblick, um nach Hause zu schreiben. Es ist merkwürdig, was für eine Gewalt die Glocken über den Menschen haben und wie eindringlich sie sein können. Es verbindet sich so vieles aus dem Leben mit ihnen. Alles Unzufriedene, Undankbare, Selbstsüchtige schwindet dahin. Es sind lauter gute Erinnerungen, von denen man auf einmal wie von guten Geistern umgeben ist; als erstes sind es immer stille Sommerabende in Friedrichsbrunn, dann all die verschiedenen Gemeinden, in denen ich gearbeitet habe, – man kann es gar nicht aufzählen, was da alles lebendig wird. Aber es können nur sehr friedliche, dankbare und zuversichtliche Gedanken sein.

DIETRICH BONHOEFFER, 1943 aus der Haft in Berlin

Brief an eine junge Familie

Ihr Lieben, als wir das letzte Mal beieinander waren und es allmählich dämmerte, wurde unser Gespräch immer nachdenklicher. Wir saßen rund um den Tisch, auf dem Eure schöne Kerze brannte. Ihr erzähltet, daß auch Eure Kinder es lieben, um die Kerze zu sitzen und zu erzählen. Du, Hartmut, sprachst von dem Sinnbild dieses leichten Lichtes, das sich verzehrt und so das Dunkel erhellt. Dann spracht Ihr darüber, daß es für Euch wichtig wäre, für Eure Kinder, für Eure Freunde wieder Bräuche und Sitten zu finden. Bräuche gliedern die Tage, schaffen Erinnerungen, die verbinden, wecken Freude der Erwartung. Ihr habt das gemeinsame Kochen, das miteinander Essen und Trinken und Erzählen wieder neu entdeckt. Jetzt möchtet Ihr noch etwas finden, was Ihr gemeinsam erlebt, etwas miteinander tun, was Sinn stiften kann.

Ich fand in alten Büchern zu meiner Überraschung einen schönen, vergessenen Brauch aus den Anfängen der Kirche: die Abendlichtfeier. Beim Lesen empfand ich eine lebendige Dichte. Mir scheint, hier ist etwas, was für uns heute – in jeweils neuer Form – wieder Brauch werden könnte! Dabei könnt Ihr bei der Liebe zum Kerzenlicht anknüpfen.

In der orthodoxen Kirche gibt es bis heute ein wunderschönes altes Vesperlied und sogenannte Lichtgebete. Sie sind Reste dieser alten Sitte. In Fortführung von Bräuchen ihrer Umgebung und der wöchentlichen Sabbatfeiern im Judentum wurde in der Alten Kirche an jedem Abend feierlich das Abendlicht entzündet und hereingebracht. Im allgemeinen fand das in Verbindung mit einer Mahlzeit, der Agape, statt. Das Licht wurde mit Liedern und Gebeten begrüßt: »O heiteres, mildes, freundliches Licht, Christus, du Licht der Welt!«

Für den Menschen der Frühzeit war es noch ein besonderes Erlebnis, beim Anbruch der Nacht die Lichter anzuzünden. Erinnert Ihr Euch an die Sage von Prometheus?

Dieser Erfahrung entsprach es, das Licht am Abend dankbar und mit Freude anzunehmen, es zu weihen. Dieser alte Brauch wurde durch die Christen neu verstanden und verwandelt. Sie hatten erlebt, auch wenn das Sonnenlicht jeden Abend in der Dunkelheit versinkt, dann gibt es ein Licht, das nicht verlöscht: das »Abend-lose Licht«. Sie haben sich an jedem Abend an den Brauch des Osternacht-gottesdienstes erinnert und staunend das Licht begrüßt: »Christus ist das Licht!«

Hier ist etwas Wunderschönes geschehen: Die Ordnung des Schöpfungsganzen, der alltägliche Sonnenuntergang, unsere menschlich-kreatürliche Sehnsucht nach Licht und eine tiefe Glaubenserfahrung verbinden und durchdringen sich. Gerade das scheint mir heute bedeutungsvoll: Wir möchten uns wieder stärker in die Schöpfungsordnung ein-gliedern.

Ob es uns gelingen könnte, diesen Brauch wieder aufzu-nehmen? Am Abend vor der Mahlzeit festlich ein Licht anzünden, es zum Tisch bringen und es begrüßen? Auch ein Tischgebet könnte dabei plötzlich wieder lebendig und mit neuem Sinn erfüllt werden. Ob Kinder und Gäste erfinde-risch sein könnten mit selbstformulierten Grußworten und fürbittenden Wünschen: Ich zünde dieses Licht an für...

Auch ich empfinde es für mich hilfreich und tröstlich, wenn ich am Abend allein bei meiner Mahlzeit sitze, die Kerzen anzuzünden und mich am »heiteren, abendlosen Licht« zu freuen.

Vielleicht versucht Ihr es einmal und erzählt mir dann von Euren Erfahrungen.

Was der alte Makarios erzählte

Der Westhimmel strahlt im Glanz der untergehenden Sonne. Makarios öffnet die Tür seines kleinen Hauses, und Freunde, Nachbarinnen und Nachbarn kommen herein. Drinnen lagern sie sich um den niedrigen Tisch. Im Raum breitet sich langsam die Abenddämmerung aus.

Brüder, sagt Makarios, heute abend sind einige unter uns, die die Abendlichtfeier, das Lychnikon, noch nicht kennen. Bevor wir beginnen, möchte ich erzählen, warum wir so miteinander feiern. Wir freuen uns, wenn wir nach der Mühe des Tages beisammen sind. Wie schön ist es, wenn draußen der Abend dunkelt und es kühl wird und wir drinnen im Haus die Öllampen anzünden. Wir alle kennen das Dunkel der Nacht, wenn unser Fuß den Weg nicht findet, wenn wir keinen Stern sehen, der uns die Richtung zeigt. Wir kennen die Angst, wenn uns plötzlich Nebel oder Dunkelheit überfällt. Darum lieben wir den hellen Aufgang der Sonne am Morgen. Darum blicken wir ihr mit Sehnsucht nach, wenn sie am Abendhimmel versinkt. Ich erinnere mich lebhaft an die Freude des Sabbatabends, wenn ich als Kind in der Abenddämmerung heimkehrte und die Mutter das Licht entzündete. Der Vater sprach das Loblied auf die Hausfrau und den Segen über uns Kinder. Dann saß die ganze Familie fröhlich zusammen beim festlichen Mahl. Wir hörten die alten Erzählungen und sangen die Psalmen der Väter. Das Haus war durchleuchtet vom warmen Glanz. Nichts war mir unheimlich, alles war vertraut. Wo Juden in der Fremde sind, am Sabbatabend werden sie eingeladen, das Fest mitzufeiern. Auch als wir damals mit unserem Rabbi durch Palästina zogen, sind wir an jedem Sabbatabend in einem Haus eingekehrt. Wenn die ersten Sterne zu sehen waren, haben die Frauen das Licht gesegnet, das der Jüngste unter uns in der Hand hielt. Unser Rabbi sprach dann vom Licht, das in der Finsternis scheint und das Dunkel erhellt. Einmal sagte er zu uns: »Ihr seid wie das Licht in der Welt!«

Dann kam jener frühe Herbstabend beim Laubhüttenfest, als im Vorhof des Tempels gefeiert und getanzt wurde und rings die Lichter leuchteten. Er trat auf die Treppenstufen und rief: »Ich bin das Licht des Kosmos, das Licht des Lebens. Wer mir vertraut, wird nicht im Dunkel bleiben!« Wie sollten wir das damals verstehen?

Dann starb er am Kreuz. Die große Sonnenfinsternis brach über das Land ein. Da wurde es auch in uns finster – bis vor Sonnenaufgang am Ostermorgen der lichte Engel rief: Er ist nicht tot! Er lebt! Er ist auferstanden! Jeden Tag, wenn ich nun den Lauf der Sonne sehe, wird mir das zu einem Bild seines Lebensweges. Denn nun ist für mich die Nacht nicht mehr nur Nacht. Seitdem leuchtet es in der Nacht wie am Tag, und Finsternis ist erhellt! Darum tragen wir in der Osternachtfeier das Licht hinein in den dunklen Raum und singen: »Christus ist das Licht!« Darum zünden wir jeden Abend, nicht nur am Samstagabend, wenn das Licht der Sonne weicht, dankbar das Abendlicht, unser Öllämpchen an. Darum preisen wir ihn, der das ewigabendlose Licht über unserer dunklen Welt ist. Ihn, der von sich gesagt hat: Ich bin das Licht!

So, meine Brüder, jetzt wollen wir das Licht entzünden, und es hereinbringen. Wir wollen feiern und fröhlich sein!

Du lieber Gott,
und wenn man auch allen Sonnenschein wegstreicht,
so gibt es noch den Mond und die hübschen Sterne
und die Lampe am Winterabend.
Es ist so viel schönes Licht in der Welt.
WILHELM RAABE (1831–1910)

Die altkirchliche Vesper

Damals trug sie den Namen »Lucernarium« (Lychnikon), von dem schönen Ritus des abendlichen Lichtanzündens, in dem zum Ausdruck kam, daß Christus den Abend unserer Zeitlichkeit erhellt und uns die Furcht vor der Nacht genommen hat. So war die Vesper überglänzt vom Schein der eben entzündeten Lichter, und es klangen in ihr nach jene zärtlichen und freundlichen Zurufe, mit denen die Alten, Heiden wie Christen, das Anzünden und Hereinbringen der abendlichen Lampe beim häuslichen Zusammensein ebenso wie bei der gottesdienstlichen Feier zu begrüßen pflegten. »Liebes Licht«, »heiteres Licht«, so lauten die Grußworte, die ursprünglich der Sonne galten, jedoch von ihr auch auf das Licht des Abends übertragen wurden. Wir wissen aber, daß auch Liebende einander grüßten als »liebes Licht« . . .

So läßt sich die Vesper entstanden denken als Danksagung für das »gute Licht«: für das natürliche Licht der Lampen und Kerzen, das den Menschen am Abend das Licht der Sonne ersetzt, und für das unendlich größere »Christuslicht«, das die Nacht unserer Sünde zerstreut.

Lumen Christi – Deo gratias! »Christus ist das Licht – Gott sei Dank!« Dieser alte Lichtruf der Christen schließt alles in sich, was Sinn und Inhalt der Vesper ausmacht. Licht war ihr großes Symbol, und der Hymnus deutet es aus. So zeigt sich uns die Urgestalt der Vesper wundervoll erhalten im Exsultet, dem Lobgesang der Ostervigil.

AEMILIANA LÖHR

Abendlied und Vespergebet

Du mildes Licht der heiligen Herrlichkeit,
des unsterblichen, heiligen, himmlischen
und seligen Vaters, Jesus Christ!
Da wir gekommen sind, beim Untergang der Sonne
das Abendlicht zu schauen,
preisen wir dich, Gott, Vater, Sohn und Heiliger Geist!
Wahrhaft würdig ist es, dich allezeit zu preisen!
O Sohn Gottes, du Lebensspender,
den das Weltall verherrlicht!

*Der Kirchenvater Basilius schreibt im Jahr 300 über diesen
ältesten, nichtbiblischen Hymnus:*
Unsere Väter wollten die Gnade des Abendlichtes nicht
schweigend empfangen; sobald es aufleuchtete, priesen sie
Gott. Wir können nicht sagen, wer der Verfasser dieses
Dankliedes ist. Doch das Volk singt es noch immer.

Wenn es Abend wird, soll der Diakon das Licht herein-
bringen:
Wir danken dir, o Gott, durch Jesus Christus.
Du hast uns erleuchtet
und uns das unvergängliche Licht sehen lassen.
Wir haben den Tageslauf vollendet.
Wir sind zum Anbruch der Nacht gekommen.
Wir sind gesättigt vom Licht des Tages,
das du zu unserer Freude geschaffen hast.
Und jetzt, da uns deine Gnade das Abendlicht bringt,
preisen wir dich in Ewigkeit. Amen.

*Aus der Kirchenordnung des Hippolyt von Rom, gest. 335;
in dieser gibt es eine Liturgie der Abendlichtfeier und der
Agape.*

Bunter Tupfer
im Grau

Abend
19 Uhr

Der Zeiger der Uhr zeigt auf Sieben

Der Alltag versteckt in sich den Feierabend,
ein Stückchen Sonntag mitten im Tag.
Das gilt es zu entdecken!
Wie wäre es beim Abendessen?

Nach der Arbeit des Tages, wenn möglichst alle beisammen sind, dann wäre da ein kleines Fest zu zaubern, ohne viel Aufwand, aber mit ein wenig Phantasie für Herz und Gaumen und für ein ruhiges Plaudern. So könnte die gemeinsame Mahlzeit ein Stück Gegengewicht bringen zu all dem unpersönlichen Getriebe des Alltagskrams.

Vielleicht bringt jeder einen Gedanken mit, der dazu beitragen kann, und jeder findet Freude an der Abwechslung. Das wäre so eine Zäsur im Einerlei. Ein Stückchen Fest, ein Strich gegen die Langeweile und die einsame Schweigsamkeit vor dem Fernseher.

Ja, jeden Tag setze einen Farbtupfer ins Grau, und zum Wochenende male ein buntes Bild!

Und auch der Einsame sollte sich ein kleines Fest zaubern mit dem, was sein Herz erfreut.

Eine Legende erzählt: Man fragte die Engel, warum sie fliegen könnten, und sie sagten:
»Wir nehmen uns leicht. Wir wissen, es trägt uns einer!«

Bunter Tupfer im Grau

Nun bist du zu Hause. Du atmest tief auf. Du möchtest dich lösen von Zwängen. Schenke dir etwas, was dein Herz erfreut! Horch in dich hinein. Mach die Augen auf: Was täte dir jetzt gut?

Was wäre für dich der Spielraum, der Freiraum, in dem deine inneren Kräfte leben und sich erneuern können? Wie möchtest du jetzt »alternativ« leben, nach persönlicher Note? Was wären deine bunten Tupfer im Grau?

Wie wäre das, mal von Herzen nur faul zu sein? Wie wäre es, schöne Musik zu hören, endlich wieder mal ein Buch zu lesen, einen Brief zu schreiben?

Und vergiß nicht, du bist nicht nur Geist! Wie wäre es mit Schwimmen, Tanzen, Laufen, Wandern, Spazierengehen? Du lebst mit anderen verbunden. Du weißt, dein Leben kann ohne sie nicht vollständig sein. Ob du mit ihnen überlegst, was für euch dieser Freiraum ist?

Wie wäre es, endlich mal wieder miteinander spielen? Festlich miteinander ausgehen? Beim fröhlichen Mahl beieinandersitzen? Aber sei auf der Hut: Nicht das üppige Mahl tut es, nichts Großartiges und Perfektes! Deine Gäste fühlen sich wohl, wenn sie mitbeteiligt sind. Improvisiere, bewirte auch Geist und Seele!

Du weißt bis in deine Tiefe hinein, auch du bist verantwortlich dafür, daß auf unserer Erde Güte wohnt, daß sie Lebensraum gibt für alle. Darum wirst du an manchem Abend dich mit anderen aufmachen, um das ein Stück Wirklichkeit werden zu lassen. Dies sind Schritte gegen die Hoffnungslosigkeit, durch die sich dein Lebensmut erneuert.

Jetzt denkst du an deine alltäglichen Pflichten, die gerade am Abend auf dich warten. Ja, sie sind ein Teil deines Lebens, aber Lebenskunst ist es, »in kleinen Dingen großzügig« zu sein!

Von der Fähigkeit, sich heute zu freuen – ein Gespräch

E. Ich kann mich nicht mehr freuen, ohne Augen und Ohren vor der Wirklichkeit zu verschließen. Zum Feiern fehlen mir Kraft und Zeit.

A. Die Unfähigkeit, sich zu freuen, habe auch ich erfahren. Ich bin in dunkle Einsamkeit geflüchtet. Worte Buddhas wurden mir zur Versuchung: Löse dich von aller Freude und Trauer, begehre nichts mehr, dann findest du das Glück des Nirwana. Gehe heraus aus dieser Welt!

E. Wie hast du zurückgefunden?

A. Damals hat mich ein Mensch in langen Nachtgesprächen auf die Gestalt Christi gewiesen. Er ist nicht geflüchtet. Er hat das Leid mit allen geteilt – bis zur letzten Konsequenz.

E. Und angesichts dieser Konsequenz sollen wir uns freuen, feiern und spielen? Das dürfen wir nicht, in all der Not, die nach unserem Einsatz ruft!

A. Auch ich wollte mich einsetzen, helfen, zum Frieden wirken, nicht flüchten, sondern standhalten. Aber gerade da habe ich unser aller Ohnmacht und Versagen erfahren. Ich kann nicht standhalten ohne Hoffnung, ohne Freude, aus eigener Kraft!

E. Aber das ist doch keine Begründung.

A. Ich kann nur von meiner Erfahrung erzählen. Im Sterben des Krieges, in der Verzweiflung des Zusammenbruchs suchte ich nach etwas, was nicht zerbrochen war, nach unzerstörbarem Sinn. Ich habe ringsum gesucht. Da kam mir Christus nahe. Er ist am Leid nicht zerbrochen. Er spricht von Trauer, die sich wandelt, von vollkommener Freude, die keiner nehmen kann. In der Begegnung mit ihm habe ich Freude wiedergefunden, Freude, die Trauer nicht verdrängt, Freude, die das Leben wieder wachsen läßt aus tiefen Quellen. Und dann sind mir Menschen begegnet, die von daher leben.

E. Für mich bleiben das schöne Worte. Ich möchte aufatmen können, frei werden für Spiel, Fröhlichkeit und Freundschaft, ohne ein schlechtes Gewissen zu haben! Aber ich kann es nicht.

A. Bei mir war es ein weiter Weg. Lange habe ich nicht verstanden, warum Christus am Anfang seines Wirkens bei einer Hochzeit Wasser in Wein verwandelte, warum er Freunde und Feinde, Reiche und Arme, alle an seinen Tisch lädt und mit allen fröhlich ist!

E. Was soll das für mich heute?

A. Immer mehr wächst mir das Verstehen zu für das Bild der Welt, das uns die Bibel vor Augen stellt, damit wir leben können. Auch Christus hat daraus gelebt als Sohn seines Volkes. Die Schöpfungsgeschichte am Anfang der Bibel ist doch gerade eine Antwort auf die Frage der Menschen, die diese Welt und Gott nicht mehr verstehen. Die Bibel antwortet: Am Anfang von allem steht Gottes Liebe, aus ihr ist diese Welt geworden. Am Anfang steht Gottes Freude, die die Freude alles Lebendigen ist. Das Ende ist wieder Gottes Liebe. Er wird die ganze Schöpfung vollenden im Mahl der Versöhnung.

In der Mitte der Zeit, in der Dunkelheit der Mitternacht, wird den Hirten auf dem Feld das Wort von der großen Freude und vom Frieden zugerufen. Meint das alles nicht das eine: Unsere leidvolle und widersprüchliche Wirklichkeit ist von einer anderen umschlossen, die jetzt schon hindurchscheint und neue Wirklichkeiten schafft. In diesem offenen Raum sollen wir leben. Gott will Freude in unsere Herzen geben, damit wir in dieser Freude leben. So können wir in unserer Welt standhalten und nach unseren Kräften daran mitwirken, daß sie nicht so lieblos, kalt und freudearm bleibt. Ich glaube, Gott freut sich, in uns und durch uns Freude zu wirken!

Denn der Herr, dein Gott, ist bei dir,
ein starker Heiland.
Er wird sich über dich freuen und dir freundlich sein,
er wird dir vergeben in seiner Liebe
und wird über dich mit Jauchzen fröhlich sein!
(Aus dem Propheten Zephanja 3, 17)

Tagebuch der Hoffnung

Der Waldenser Pfarrer Tullio Vinay gründete in den Trümmern des Zusammenbruchs das ökumenische Jugend-
zentrum Agape als ein Zeichen der Hoffnung. Danach begann er in Riesi auf Sizilien eine christliche Dienstgemein-
schaft, die dort mitten in Elend und Armut ein Zeichen der
Solidarität und Erneuerung sein möchte:

    9.11. Ich meine immer, daß es für den Christen kein
größeres Risiko gibt, als nichts riskieren zu wollen. Deshalb
vielleicht hat die Kirche keine lebendigen Impulse mehr.
Liebe duldet kein Kalkül, sie stirbt daran.

    6.1. Auf dem Bauplatz tun sich Wunder. Wenn man nur
in diesem Stil weitermachen könnte! Die Mauern des Kin-
dergartens schießen aus dem Boden. Es ist auch außer-
gewöhnlich, wie diese Jungen (alle aus Riesi) arbeiten.

    15.4. Es herrscht ein guter Geist. Die Bauarbeiter arbei-
ten jetzt schon wie eine Familie.

    16.11. Die Arbeiter haben uns zum Essen eingeladen.
Das ist schön, wenn man Zeit hat, aber … Darum habe ich
keine große Lust, am Essen teilzunehmen. Als wir ankom-
men, sitzen alle schon am Tisch, vor sich einen Teller mit
Pastaciutta in roter Tomatensoße, bereit, sich darüber her-
zumachen. Freude auf allen Gesichtern. Sie haben den
ganzen Tag hart gearbeitet. Während des Essens regt sich
der Humor. Viele Gespräche und viele Komplimente. Dann
die üblichen Trinksprüche mit den improvisierten Reimen.
Es liegt etwas Neues in der Luft. Das ist ein Essen, das Dank
und Sympathie zum Ausdruck bringen soll, kurzfristig und
spontan beschlossen. Das Mahl ist beendet, als einer mich
zur Seite ruft: »Wir möchten, daß Sie einmal in der Woche,
wenn auch nur für eine Viertelstunde, zu uns sprechen und
uns etwas über den Sinn des Lebens sagen.« – »Wie bitte?« –
»Warum wir leben und wofür wir arbeiten … Wir arbeiten
nicht nur, um zu essen, erzählen Sie uns etwas darüber.«

    In diesem Moment muß ich etwas sagen. Zum Tisch
zurückgekehrt, halte ich eine kurze Rede. Ich spiele dabei
auf Schwierigkeiten an, die wir mit einem Arbeiter gehabt
hatten. »Es hat eine kleine Krise gegeben. Es war eine

Wachstumsstörung. Unter euch gab es Unstimmigkeiten... Jetzt seid ihr einer Meinung, nicht wahr?« – Großes Stück Zustimmung. – »Ihr müßt zeigen, daß ihr verstanden habt, und ihn wie einen Bruder aufnehmen. Wenn wir gelernt haben, das eigene Ich zurückzustellen, dann wird diese Arbeit weitergehen, und es wird ein neues Riesi entstehen. Man muß Opfer bringen.« Alle hören aufmerksam zu. – »So seht«, sage ich und nehme ein Stück Brot vom Tisch, »wie dieses Brot gegeben wird, hat Christus für uns sein Leben gegeben, und wenn wir es nehmen, so gehören wir zu ihm und sind ein Leib.« – Ich nehme ein Stück Brot in den Mund, gebe das andere einem mir gegenübersitzenden Arbeiter, der das gleiche tut, dann gieße ich aus einer Flasche etwas Wein in ein Glas. – »Dieses ist das Blut Christi, für uns vergossen... und wir gehören zu ihm.« – Ich trinke davon und gebe das Glas dem Arbeiter, der das gleiche tut, mit ganzem Herzen bei der Sache. – »Hier sind wir alle vereint. Dank für das Essen, zu dem ihr uns geladen habt, aber Dank dem Herrn, durch den wir vereint sind und der uns gemeinsam diesen Weg gehen läßt.«

Ohne es vorher gewollt zu haben, habe ich das Abendmahl ausgeteilt, und obwohl nur wir zwei die Elemente zu uns genommen haben, aßen doch alle vom selben Brot und tranken vom selben Wein. Hier beginnt etwas Neues. Ich habe noch nie etwas Ähnliches erlebt. Voll Hoffnung kehren wir nach Hause zurück, nachdem sich die Arbeiter herzlich von uns verabschiedet haben.

TULLIO VINAY

Was der alte Makarios erzählte

An einem Abend hatten die Freunde des Makarios schon
begonnen, die Lichter zu entzünden, Agape zu feiern, Wein
und Brot, Käse und Oliven zu teilen. Makarios war später
gekommen und saß eine ganze Zeit still im Kreis der Feiern-
den. Dann fragte ihn einer leise: Bruder Makarios, magst du
uns mitteilen, worüber du nachsinnst? Makarios sah den
Fragenden an: Ja, Bruder, ich will es erzählen. Ich war
dankbar, daß ihr schon begonnen hattet, miteinander zu
feiern und fröhlich zu sein, und daß ich lange einfach still
dabeisein konnte. Ich kam zu spät, denn ich hatte einen
schwierigen Gang hinter mir. Dann kam ich zu euch aus der
Dunkelheit in den warmen Raum mit den Lampen und
erfuhr eure wortlose Liebe, als ihr mir Brot und Wein
reichtet. Ich wurde froh in dieser Verbundenheit. Habt
Dank, Brüder!

Als ich so still dasaß, erinnerte ich mich daran, wie
unsere Agape-Feiern einmal begonnen haben. Einige unter
euch sind neu mit dabei. So laßt mich erzählen: Zuerst
dachte ich zurück an die Zeit der Wanderungen mit unserem Rabbi. An manchem Abend saßen wir am Dorfrand
zusammen, ruhten uns aus von der Anstrengung des Tages.
Fröhliche Worte klangen hin und her, alte Lieder wurden
angestimmt. Da fühlten wir, wir sind aufeinander angewiesen, wir gehören zusammen, wir sind gemeinsam unterwegs. Und wenn wir dann mit den anderen das Brot teilten
und der Becher von Hand zu Hand wanderte, wenn wir
miteinander aßen, dann war dies Zeichen unserer Verbundenheit. Und dann hatte ich ihn vor Augen, wie er Brot und
Wein nahm und für diese Gaben der Schöpfung dankte, die
unser Leben nähren und uns erfreuen. Es saßen auch Leute
aus dem Dorf unter uns, Frauen, Männer, Kinder, Arme und
Reiche, und da war es mir oft so, als ob sich der Himmel
über uns öffnete und Gott uns ganz nah war. Ich dachte
daran, daß es in den Büchern unserer Väter von den Mahlzeiten beim Opfer heißt: »Seid fröhlich vor dem leuchtenden Angesicht Gottes!«

Dann kam das letzte Abendmahl. Als Zeichen, daß er

uns bis ans Ende liebte, nahm Jesus wieder Brot und Wein und sagte: »Mein Leib, mein Blut, für euch gegeben!« Das erfahren wir immer wieder neu, wenn wir Abendmahl, Eucharistie feiern. Zuerst geschah das verbunden mit den gemeinsamen Mahlzeiten am Abend. Als die Verfolgung begann, als die Gemeinden größer wurden, da haben wir die Eucharistie bei Sonnenaufgang – wie am Ostermorgen – gefeiert. Am Abend aber treffen wir uns weiter hin und her in den Häusern zum Mahl der Liebe, zur Agape. Damit wird die Agape wieder zu dem, was sie am Anfang war: die gemeinsame Mahlzeit, das Fest brüderlicher Tischgemeinschaft. Es ist doch wahrlich nicht selbstverständlich, daß wir so miteinander essen! Manchmal geht es dabei überschwenglich zu. Wir haben schon Witwen und Waisen dabei vergessen. Aber wir halten trotz allem daran fest: Wir wollen gemeinsam um den Tisch sitzen, danken für das tägliche Brot, danken für das Miteinander, wir wollen Jesus als Gast in unsere Mitte bitten. Darum Brüder, erinnert euch an das Wort des Paulus:

»Freuet euch in dem Herrn allewege, und abermals sage ich, freuet euch. Eure Lindigkeit lasset kund werden allen Menschen. Der Herr ist nahe! Sorget nichts, sondern in allen Dingen lasset eure Bitten in Gebet und Flehen mit Danksagung vor Gott kund werden. Und der Friede Gottes, der höher ist als alle Vernunft, bewahre unsere Herzen und Sinne in Christus Jesus, unserem Herrn« (Philipper 4,4).

Brief an eine Mitschwester

Liebe Schwester…! Du hast mir erzählt, daß Du mit den jungen Menschen, mit denen Du zusammenlebst, Agape feierst. Du nimmst damit den schönen Brauch der ersten Christen wieder auf. Ich kann mir vorstellen, was das für Euch bedeutet! Sicher macht es Euer gemeinsames Leben reicher, erfüllter und bunter. Gerne würde ich hören, wie es die empfinden, die das zum ersten Mal erleben. Ihr möchtet eine neue Form der Tischgemeinschaft gestalten, die Gemeinsamkeit und Fröhlichkeit wachsen läßt, die an Weltverantwortung erinnert, die Dankbarkeit weckt für das »Geschenk Leben« aus Gottes Hand. Das Wort »Agape« meint das ja alles: Liebe, Verbundenheit, Versöhnung, willkommen heißen, fröhlich sein!

Du hast mich gefragt, wie ich Agapefeiern erlebt habe. Ich will es kurz berichten: Da war Festlichkeit und Einfachheit: Kerzenlicht, Lieder, deutende Worte, Tischgebet, Gespräch, Musik und Schweigen. Zur Mitte des gemeinsamen Tuns wurde der frische, duftende Brotlaib, vor aller Augen gebrochen und geteilt, der Becher mit rotem Wein oder Saft, der um den Tisch gereicht wurde. Dazu gehörten Käsestükke, buntes Obst, vielleicht Oliven und Eier, grüne Kräuter, Feldblumen, so daß alles ein wenig an eine Hirtenmahlzeit erinnerte. Ebenso wichtig war die liebevolle Aufmerksamkeit auf den andern, was er brauchte, was er sagen wollte, ein Platzwechsel zu dem, den ich am wenigsten kannte, und viel Fröhlichkeit! Agape kann man auch im Kirchraum feiern, aber sie gehört in die Häuser, wie im Anfang der Kirche. Denn Agape ist kein Tischabendmahl, aber sie kann das Verständnis dafür wecken!

Vielleicht kann Euer Tun die jungen Menschen dazu anregen, es später einmal selbst zu probieren, mit Freunden, in der Familie. Ich würde gerne einmal mit Euch feiern! Bitte, ladet mich doch ein!

Wie Gras und Ufer

Herr, deine Liebe ist wie Gras und Ufer,
wie Wind und Weite und wie ein Zuhaus.
Frei sind wir, da zu wohnen und zu gehen.
Frei sind wir, ja zu sagen oder nein.
Herr, deine Liebe ist wie Gras und Ufer,
wie Wind und Weite und wie ein Zuhaus.
Wir wollen Freiheit, um uns selbst zu finden,
Freiheit, aus der man noch etwas machen kann.
Freiheit, die auch noch offen ist für Träume,
wo Baum und Blume Wurzeln schlagen kann.
Und dennoch sind da Mauern zwischen Menschen,
und nur durch Gitter sehen wir uns an.
Unser versklavtes Ich ist ein Gefängnis
und ist gebaut aus Steinen unsrer Angst.
Herr, deine Liebe ist wie Gras und Ufer,
wie Wind und Weite und wie ein Zuhaus.

ANDERS FROSTENSSON

Dies moderne Lied, das Ernst Hansen aus dem Schwedischen übersetzt hat, singen heute junge Menschen gern.

Tischgemeinschaft ist etwas Festliches. Sie ist die mitten in der Werktagsarbeit uns immer wieder geschenkte Erinnerung an die Ruhe Gottes, an den Sabbat als Sinn und Ziel der Woche und ihrer Mühe. Unser Leben ist nicht nur Mühe und Arbeit, sondern es ist auch Erquickung und Freude an der Güte Gottes. Gott mag unser unfestliches Wesen, das das Brot mit Seufzen, mit wichtigtuerischer Geschäftigkeit ißt, nicht leiden. Er ruft uns durch das tägliche Mahl zur Freude, zur Feier mitten am Werktag.

DIETRICH BONHOEFFER (1906–1945)

Die Nachrichten

Abend
20 Uhr

Der Zeiger der Uhr zeigt auf Acht

Diese Stunde am Abend ist für viele von uns die Stunde der Nachrichten, die bedrängende Begegnung mit unserer Welt von heute. Jeden Tag dringen durch Radio, Fernsehen und Zeitung die Geschehnisse der ganzen Welt in unseren Privatbereich. Früher erfuhr der Mensch nur von Ereignissen im eigenen Dorf, in der Nachbarschaft und sehr viel später Berichte von fernen, unbekannten Ländern, die ihn in seinem täglichen Leben unberührt ließen.

Heute werden wir Tag für Tag von Informationen und Bildern des Schreckens aus unserer Nähe und der fernsten Ferne, von beängstigenden Zukunftsvisionen überflutet. Wir sind ihnen ausgesetzt, auch wenn wir uns dagegen wehren. Immer bedrückender und tief ins Unbewußte wirkend lasten sie auf uns.

Noch vor zehn bis fünfzehn Jahren zeigten die Bildungsreform, die Ostverträge, die Studentenrevolte, das Zweite Vatikanische Konzil die nahe Hoffnung, unsere Welt zum Besseren ändern zu können. Seitdem hat sich unser Lebensgefühl radikal verändert. Die Erwartungen auf Reformen, auf ein Leben ohne soziale Not, ohne Arbeitsfron, auf Fortschritte der Technik, die die Probleme der Zeit lösen könnten, dieser Optimismus ist umgeschlagen in Angst. Immer unlösbarer werden die Probleme: Krieg, Atomrüstung, Atommüll, Umweltzerstörung, Hunger und Unterdrückung, Arbeitslosigkeit, Wirtschaftskrise, neue elektronische Technik und die vielen politischen Krisenherde der Welt. Wir fühlen uns ohnmächtig angesichts dieser Zukunft.

Wie können wir noch leben in dieser Welt? Wie können wir uns an diesem Tag freuen, tanzen und lachen, leben in Vertrauen und Gelassenheit? Von welcher Hoffnung werden Kinder und Enkel in dieser Welt leben können?

Stunde der Nachrichten

Diese Nachrichten ertrage ich nicht mehr! Schmerzlich der
jähe Wechsel von Schreckensnachricht zu Showvorfüh-
rung, vom Elendsbild zum Sportbericht. Wie soll ich das
zusammenbringen? Steht dahinter eine Tendenz, die ab-
stumpfen soll? Nur nicht nachdenken! Kann ich vor läh-
mender Angst nur bewahrt bleiben, wenn ich Augen und
Ohren verschließe? Abschalten! Ich ertrage es nicht länger!
Aber die Bilder greifen nach mir und lassen mich nicht in
Ruhe. Sie fragen bohrend: Wo ist der barmherzige und
allmächtige Gott, wenn der Mensch die Mittel hat, um den
Erdball zu zerstören? Wo ist Gott nach Auschwitz? Wo
heute, wenn ich satt vom Tisch aufstehe und im gleichen
Augenblick Menschen verhungern? Wie kann ich den
Zweifel in mir und die Fragen der anderen ertragen: »War-
um ist das so?«

Gott erscheint mir unbegreiflich. Ich habe keine Antwort. Ich verstehe es nicht. Aber wie kann ich dann leben?

Ich erinnere mich an Erfahrungen: Damals, als ich mich
in letzter Angst doch getragen erfuhr, als mir einer ein gutes
Wort sagte und mich in die Arme nahm. Und ich denke an
das Segenswort, durch das mir jeder Gottesdienst wichtig
wird, das Wort vom Frieden Gottes, der höher ist als unser
Begreifen und mich in Christus bewahrt. Der ist nicht vor
Not geflohen, der hat Angst und Verlassenheitserfahrung
durchgehalten und sprach dennoch zu Gott: »Vater«. Die
Not bleibt.

Gott aber ist mit dabei. Sein Frieden reicht tiefer. Ich
verstehe nicht, aber ich kann meinen Weg durch »das
finstere Tal« gehen. Und von daher fühle ich mich mitver-
antwortlich, ein Weniges dazu beizutragen, daß »Friede
wird, wo Streit war«. – In allem Widersinnigen möchte ich
auf einen letzten Sinn vertrauen. Eine andere Antwort weiß
ich nicht.

Vor dem Fernsehapparat

Der Naturwissenschaftler, Theologe und Ordensmann Teilhard de Chardin sagte, daß durch die neuen Medien für die Menschen auf dem ganzen Erdball die Möglichkeit gegeben ist, sich als eine Menschheit zu erfahren und dadurch zu lernen, miteinander verantwortlich zu handeln. So können die Medien uns ein Wissen um die eine Welt, um unseren blauen Planeten vermitteln. Unser Blick wird geweitet, der Ferne wird zu unserem Nächsten.

Es gibt Sendungen, über die wir miteinander sprechen können. Es gibt Erfreuendes, Wichtiges.

Der Fernseher wird in der modernen Großstadtwelt zu einer Möglichkeit, daß gerade einsame und ältere Menschen noch am Weltgeschehen teilhaben können.

Aber soll ich das Fernsehen jetzt ausschalten?

Sind wir uns bewußt, daß wir oft durch Bequemlichkeit, aus Langeweile, durch ungelöste und verdrängte Probleme dazu gebracht werden, unsere kostbare Zeit durch Fernsehen auszufüllen, nur noch zu konsumieren? Überdeutlich sind mir Erfahrungen in einer Gemeinschaft, in der man jeden Abend vor dem Fernseher saß – auch vor Übermüdung. Die Gespräche verstummten. Wir spielten nicht mehr. Wir unternahmen nichts. Wir wußten nur noch wenig vom andern. Zum Nachdenken blieb kaum Zeit. Diese Erfahrung zeigte mir, wie unsere innere Aktivität, Phantasie und Schaukraft, unser inneres Fragen und Reifen, wie menschliche Gemeinschaft langsam beeinträchtigt wurde und wie der einzelne, ohne es zu wissen, in der Gefahr steht, zum funktionierenden Roboter zu werden.

Bewußt fernsehen! Soll ich jetzt ausschalten?

Zukunft in Bescheidenheit

Das Wort Bescheidenheit hat zu tun mit unterscheiden können, Bescheid wissen, Einsicht haben. Die Bescheidenheit ist also eine Tugend der Klugheit.

Die ökologische Krise hat die Augen geöffnet für die Grenzen des Menschen, für die Notwendigkeit der Bescheidung. Bescheidenheit heißt: um die Grenze wissen, Augenmaß haben, ein liebenswürdiger Partner sein, nicht nur der Mitmenschen, sondern auch der Mitkreatur und der Natur. Nur der Mensch braucht Bescheidenheit, denn nur er kann Grenzen so überschreiten, daß er die Bedingungen seines Lebens zerstört. Das alles aber zeigt uns: Bescheidenheit ist nicht eine kleine Privattugend, sondern wird zum unentbehrlichen Element im Lebensstil des modernen Menschen. Heißt Bescheidenheit Askese, Unterdrückung der Bedürfnisse, Stagnation, Verlust aller Dynamik? Wenn sie zur Kunst des Lebens gehört, dann ist sie mit diesen Worten nicht richtig beschrieben. Sie ist ja eine Weise der Klugheit, die das Mögliche und Förderliche vom Unmöglichen und Schädlichen zu unterscheiden weiß. Bescheidenheit ist eine Lebenseinstellung, die uns befähigt, neue Normen zu finden, die im Einklang mit unserer Situation stehen. Langfristig gesehen ist unsere Lage voller Gefahren. Wir, die Bewohner der wenigen Wohlstandsinseln auf unserer Erde, leben über unsere Verhältnisse und leben auf Kosten anderer Menschen, denen das Nötigste fehlt. Finden wir nicht in Selbstbescheidung den Weg zu gerechteren Lebensverhältnissen, so haben wir unsere Chance verspielt. Wir werden früher oder später genötigt werden, uns einzuschränken. Dann aber nicht mehr dem Gesetz der Freiheit und Klugheit, sondern dem des Zwanges der Verhältnisse folgen.

HEINZ EDUARD TÖDT

Was der alte Makarios erzählte

An einem Abend hatte sich eine große Gruppe aus der Gemeinde beim alten Makarios versammelt. Ein Flüchtling erzählte von den neuen Verfolgungen der Christen, die Kaiser Domitian angeordnet hatte. Ein anderer berichtete über die Folgen des letzten Erdbebens im Innern des Landes, und ein dritter erzählte von seinem Bruder, der als Soldat an der Donaugrenze kämpfte. Immer neue Barbarenvölker versuchten, dort in das Römische Reich einzubrechen. So saßen sie zusammen, und sie fürchteten sich vor der Zukunft.

Da begann der alte Makarios: Brüder, in all unsere Sorge hinein möchte ich erzählen, wie es uns erging, als wir mit unserem Rabbi aus Galiläa hinauf nach Jerusalem zum letzten Passahfest zogen. Er ging uns voran, und wir folgten ihm. Aber wir fürchteten uns bei jedem Schritt: Was wird aus uns allen? Am Abend, als wir zusammensaßen, sprach er von dem, was geschehen würde, denn er liebte uns.

Er sagte: Verschließt eure Augen nicht vor den Zeichen der Zeit! Meint nicht, es würde doch alles gut gehen! Ihr werdet von Kriegen, Revolutionen, von Erdbeben, Hunger und unheilbaren Krankheiten hören und werdet selbst davon betroffen. Man wird euch ins Gefängnis werfen. Ihr werdet fliehen müssen in der Winterzeit. Wenn ihr auf dem Felde seid, dann geht nicht ins Haus zurück, um den Mantel zu holen. Bei vielen wird die Liebe erkalten. Die Menschen um euch werden erstarren vor Furcht und Erwartung der Dinge, die über den Erdkreis kommen. Denn die Kräfte des Himmels werden erschüttert, Sonne und Mond ihren Schein verlieren!

Wir hörten gebannt zu, bis einer das Schweigen durchbrach und fragte: Wann wird das alles geschehen? Der Rabbi sah uns an: Das weiß Gott allein! Er allein bestimmt die Stunden der Erde!

Dann aber fügte er etwas hinzu, das ich nicht begreifen konnte. Er sagte: Wenn das alles kommen wird, so erstarrt nicht vor Schrecken. Das sind Geburtswehen einer neuen Welt. Seht nicht nur auf das Verhängnis. Richtet euch auf.

Nehmt den Kopf hoch. In allem, was auch geschehen wird: Ich bin bei euch alle Tage bis an der Welt Ende! Lebt nicht wie Menschen, die keine Hoffnung haben! Seid wach und bereit, aufzubrechen, damit diese Stunde euch nicht überfällt wie ein Dieb in der Nacht. Seid gegürtet, bereit zu handeln und zu widerstehen. Habt Lichter in der Hand, damit ihr in dieser Welt Wege weisen könnt. Wieder sah Christus jeden von uns an: Dies habe ich zu euch gesagt, damit ihr in mir Frieden habt. Geht hin in die Welt! Ich bin in euch, ihr seid in mir. Bringt den Menschen meinen Frieden!

Makarios schwieg. Er sah vor sich hin. Nach einer Weile hob er den Kopf: Damals wuchs unsere Hoffnung über die Angst hinaus. Darum wollen wir beten, daß wir gehalten werden, wenn die Stunde der Not für uns kommt. Laßt uns auch für unsere verfolgten Brüder und für unsere Verfolger beten. Laßt uns für alle beten, die jetzt von Not getroffen werden!

Da sagte der Flüchtling: Bruder Makarios, du glaubst also, diese Welt ist nicht einfach den Menschen ausgeliefert, auch den Mächtigen nicht, nicht ihrer Freiheit zum Bösen? Makarios nickte: Bruder, ich glaube, Gott weiß um alles, er weiß um unsere Furcht. Ich glaube, Gott wirkt durch Tod und Vergehen, durch Leben und Werden zum Heil! Auch wo wir nichts davon sehen.

Die Horizonte sind mit Antennen tapeziert

Die Horizonte sind mit Antennen tapeziert:
Flugstege für Amseln und Drosseln
aufsteigende Lieder zerplatzen über der Stadt.
Die Horizonte sind mit Antennen tapeziert:
Verklebte Sonnenuntergänge zugeleimte Sterne
beschränkte Weite behämmerte Dämmerung –
zugeschnittener Kosmos vierwändig
empfangsbereit für den Schein.
Die Horizonte sind mit Antennen tapeziert
– wenn die Tapete reißt
bricht eine Wand ein
begräbt den bebilderten Schein
wir sind nackt und leer
zitternd vorm Sein
dem Nichtmehrwissen von Horizonten.
URSULA ADAM

Zum erstenmal in der Geschichte hängt das physische
Überleben der Menschheit von einer radikalen seelischen
Veränderung des Menschen ab.
ERICH FROMM (1900–1980)

Ohne die Vision Gottes
ist die Geschichte nicht mehr auszuhalten.
ARNOLD TOYNBEE (1889–1975)

Traue nicht deinen Augen
Traue deinen Ohren nicht
Du siehst Dunkel
Vielleicht ist es Licht.
BERT BRECHT (1898–1956)

In der Nacht der Finsternisse

In der Nacht der Finsternisse
erwarten wir das Leuchten.
In der Nacht der Finsternisse
erwarten wir, was nicht auf Erden ist.
In der Nacht der Finsternisse
erwarten wir, was die Liebe übersteigt.
In der Nacht der Finsternisse
erwarten wir die unbekannte Schönheit.
In der Nacht der Finsternisse
erwarten wir das Erbarmen.
In der Nacht der Finsternisse
erwarten wir einen Vater,
um uns zu retten vom Bösen,
das der Mensch in sich trägt.
In der Nacht der Finsternisse
erwarten wir einen Gott.

FRANZÖSISCHE DICHTERIN UNSERER TAGE

Wir beten um die Ankunft des Reiches, das Gott uns verhei-
ßen hat, und bitten, daß sein Advent nicht länger verziehe.
Kriege, Hungersnöte, Erdbeben und Pest, alles hat der Herr
uns vorausgesagt und uns darauf vorbereitet, daß die Trüb-
sale schlimmer werden. Das Reich Gottes kündigt sich an!
Siehe, die Welt wankt und fällt und bezeugt bereits den
kommenden Zusammenbruch, nicht allein durch ihr Alter,
sondern durch das Ende der Dinge. Ihr wißt, daß der Untergang dieser Welt das Vorzeichen des kommenden Reiches
ist. So laßt uns mit ungebrochenem Herzen gehen gegen den
Ansturm des Todes. Laßt uns aufrecht stehen zwischen den
Trümmern der Menschenwelt und nicht am Boden liegen
mit denen, die keine Hoffnung haben.

CYPRIAN (Märtyrertod 258)

Gespräch
in der Nacht

Nacht
21 Uhr

Der Zeiger der Uhr zeigt auf Neun

Diese Stunde im Tagesablauf trägt eine geheime Verwandlungskraft in sich. In ihr vollzieht sich der Übergang vom Abend zur Nacht. Die Sonne, die uns zur Aktivität rief, ist weitergewandert. Erst die Dunkelheit läßt für unsere Augen die fernen Lichter der Milliarden Sonnen sichtbar werden, die über uns in immer gleichen Bahnen kreisen: die Sternenwelt. In der Stadt spürt man nur noch wenig davon.

Draußen vor der Stadt wird es jetzt still. Aber auch hier können wir hören: Der Lärm des Tages verebbt allmählich. Leise Laute werden hörbar. Das Rauschen des Windes um das Haus. Ein Heimchen im Keller des Nachbarn. Wir öffnen das Fenster. Wir spüren die Kühle der Nacht. Unsere Vorväter sagten von dieser Stunde: »Und lauter rauschen die Quellen.« Vieles, was wir im Betrieb des Tages übertönten, jetzt beginnt es zu sprechen, wenn wir uns in das Geheimnis dieser Stunde hineinnehmen lassen.

Auch die Uhr in uns möchte jetzt anders schwingen. Über Tag waren wir ständig gefordert, auf Außenreize hin zu handeln. Alle Energie unseres Ich ist an die Oberfläche unserer Seele geschleudert worden. Wir standen unter dem Gesetz des Reagierenmüssens.

Jetzt ist die Zeit, daß das Pendel ausschwingt. Aus der Außenwelt, in die wir zerstreut waren, können wir uns zurücknehmen, uns einsammeln, in Einklang mit uns selbst kommen. Wir können zu unserem tieferen Selbst zurückfinden und uns dem anderen neu zuwenden. Anders leben ... es ist ein Schritt der Verwirklichung, wenn wir auf diesen Tagesrhythmus in uns und um uns herum horchen und uns ihm öffnen.

Wie viel wäre für die heutigen Zustände schon gewonnen, wenn wir nur alle jeden Abend drei Minuten lang sinnend zu den unendlichen Welten des gestirnten Himmels emporblickten.

ALBERT SCHWEITZER (1875–1965)

Gespräch in der Nacht

Vor lauter Lauschen und Staunen sei still.
Du mein tieftiefes Leben;
Daß du weißt, was der Wind dir will.
Eh noch die Birken beben.

Und wenn dir einmal das Schweigen sprach,
Laß deine Sinne besiegen.
Jedem Hauche gib dich, gib nach.
Er wird dich lieben und wiegen.

Und dann, meine Seele, sei weit, sei weit,
Daß dir das Leben gelinge,
Breite dich wie ein Feierkleid
Über die sinnenden Dinge.

RAINER MARIA RILKE (1875–1926)

Vom Gespräch mit den Dingen

Wer nach der Weise des Kindes das Gespräch mit den Dingen führt, wächst wieder hinein in jenen Schöpfungsauftrag des Menschen, der darin bestand, der Kreatur ihren Namen zu geben.

In diesem Sinne ist das Gespräch mit den Dingen als ein Keimvorgang anzusehen, der allem anderen Gespräch voraufgeht. Es ist die Fähigkeit zu innerer Anteilnahme. Aber dieses Gespräch muß im gleichen Maße verstummen, als der Raum des gewachsenen Lebens eingeengt wird durch tödlich-perfekte, gemachte – nicht mehr geschaffene – Dinge.

WILLY KRAMP

Stunde der Freundschaft

Nächtliche Gespräche mit Freunden, wer hat sie nicht geführt, wenn nur ein schwaches Licht das Dunkel erhellt?

Nächtliche Gespräche mit sich selbst, wer führt sie nicht, wenn der Wind um das Haus weht? Wer spürt dann nicht das Rätsel und das Geheimnis der Welt?

Nächtliches, freundliches Dunkel, wenn nicht mehr unser Sehen, unsere Augen den Vorrang haben, wenn die Stille leise Klänge hörbar macht, dann sprechen die Welt und unser tieferes Selbst wieder zu uns. Wenn im Schutz der Dunkelheit unsere Gesichter voreinander fast verborgen sind und wir die Nähe des anderen, seine Freundschaft erspüren, öffnen wir uns leichter voreinander, sprechen über das, was uns in der Tiefe bewegt, was wir in der Anspannung des Tages verdrängen mußten.

Nächtliche Dunkelheit und Stille machen alle Schwingungen des anderen hörbar, seinen Atem, seine Bewegung, seine wärmende Nähe, das, was in den Worten mitklingt, die er zu mir spricht. Leichter ist es nun, zu verstehen, was einer dem anderen sagen möchte.

Zauber des Gesprächs in der Nacht! Wie haben wir es erlebt in jungen Jahren, wenn die Stunden vergingen, wenn wir über Gott und die Welt miteinander sprachen. Versäumen wir das Geschenk dieser Stunde heute zu oft? Haben wir nicht mehr den Mut und die Kraft, uns dem anderen zu öffnen? Wie oft schweigen wir uns an!

Mein Freund, ich brauche so sehr deine Freundschaft. Zu dir kann ich kommen, ohne eine Uniform anziehen oder eine Maske aufsetzen zu müssen. In deiner Nähe brauche ich mich nicht zu entschuldigen, mich nicht zu verteidigen. Dein Jasagen zu dem, was ich bin, habe ich nötig. Ich bin dir dankbar dafür, daß du mich so hinnimmst, wie ich bin!

ANTOINE DE SAINT-EXUPÉRY (1900–1944)

Nächtliche Gespräche

Nächtliche Gespräche – in Stille und Dunkelheit kann der Mensch wieder vernehmen, was zu ihm spricht: Rätsel und Reichtum des Lebens.

Nächtliche Klänge der Musik, Botschaft ohne Worte. Du erfährst, wie Musik ausspricht, was in dir lebt: dunkle Dissonanz des Schmerzes, stiller, sammelnder, sehnender Flötenton, aufjauchzender Geigenklang.

Ob der Einsame sich wieder öffnen kann, um heilende Stimmen zu vernehmen, er, der erfuhr, wie Menschen sich mißverstehen, sich ins Gerede oder ins Schweigen flüchten? Der Mensch in der Nacht führt ein Gespräch mit seinem Leben. Er versucht, sich selbst und was er erlebte, zu verstehen. Er spricht über eigenes und fremdes Versagen, das ihn bedrückt, über Freuden, die ihn beglücken. So findet er Distanz zu sich selbst. Ob er auch den Weg findet zu einem Freund, der ihm zum Seelsorger werden kann? Ob er dort das Geschenk der Beichte wiederentdeckt? Vor einem Menschen das auszusprechen, was mich bewegt, kann aus Einsamkeit erlösen. Das Verstummen, die Sprachlosigkeit und das Gerede, diese Not unserer Tage, können Heilung finden, wo der einzelne sich wieder öffnet und sich ausspricht. Da erfährt er: Ich bin mit meiner Last nicht allein, einer ist da, der hört, was ich sage, der hat Zeit, er versteht und verurteilt nicht.

Ich bleibe nicht einsam, in Unausgesprochenes eingemauert. Das Gespräch von Mensch zu Mensch wird zum Gespräch mit dem ewigen Du. Durch den Mund eines Menschenbruders will Gott mich frei machen von der Schuld, die belastet, von dem, was mich bedrückt, mich traurig macht. Vor Gott und dem Bruder kann ich das Gespräch wiederfinden.

Was der alte Makarios erzählte

An einem Abend saß Makarios am offenen Fenster seiner
Hütte. Da kam einer der Lehrer aus der Akademie von
Antiochien vorbei. Makarios kannte ihn. Sie hatten schon
oft miteinander gesprochen. Der Besucher setzte sich. Die
Lampe warf einen schwachen Lichtkreis in die Nacht, die
sie umgab.

Makarios, begann Epiphanias, ich habe noch immer
Fragen zu dem, was ihr als Weg zum Leben verkündet. Ihr
erwartet, daß wir uns taufen lassen, und sagt, der Mensch
müsse von neuem geboren werden, wenn er sein Leben
nicht verfehlen will. Wie soll das zugehen? Das verstehe ich
nicht. Sage mir, was hat Jesus, der Christus, darüber zu euch
gesagt? Makarios sah lächelnd zu ihm hin: Epiphanias,
genauso wie du jetzt fragst, so hat einmal ein alter Ratsherr,
Nikodemus, Jesus gefragt. Er erzählte uns später davon.
Und weil wir beide jetzt in der Nachtstunde zusammensit-
zen, will ich dir davon berichten:

Der Rabbi war zum Passahfest nach Jerusalem, der heiligen Stadt des Friedens, hinaufgewandert. Da kam Nikodemus in der Nacht zu ihm. Er war umgetrieben von den
Rätseln des Lebens und konnte nicht alles selbstverständlich hinnehmen, wie viele es tun.

Die beiden saßen zusammen. Man hörte den Wind in
den Blättern. Nikodemus begann das Gespräch: Ich habe
von dir gehört. Was du tust. Was du sagst. Das ist nicht so,
wie es alle machen. Du bist anders. Sage mir, wie kannst du
so leben? Der Rabbi las im Gesicht seines nächtlichen
Gastes. Er hörte seine verborgene Frage. Ich sage dir, wenn
nicht der Mensch von neuem beginnt, wenn er nicht aufhört, nur auf menschliche Kraft zu setzen, wenn er nicht
auch auf die Macht Gottes vertraut, dann kann er das Leben
nicht gewinnen. Es bleibt für ihn im Leeren. Einmal bist du
in diese Welt geboren. Ich aber sage dir, du mußt von neuem
geboren werden. Vertraue dich dem Gott an, an den du
glaubst! Nikodemus zuckte zurück: Wie soll das zugehen?
Ein alter Mensch kann doch nicht wieder anfangen wie ein
kleines Kind?

Der Rabbi antwortete: Du bist ein Lehrer in Israel und du begreifst das nicht? Ich sage dir, einmal bist du als vergänglicher, sterblicher Mensch geboren. So begreifst du nur das, was du mit deinen Augen siehst, mit deinen Händen faßt. Da bleibt dir die Welt rätselhaft und dunkel. Du leidest an ihr. Du mußt aus dem Odem Gottes geboren werden. Dann erfährst du: Es gibt mehr als diese sichtbare Welt. Dein Leben hat einen Sinn darüber hinaus! Dann kannst du Vergangenes hinter dir lassen und neu beginnen.

Hörst du den Wind? Wie ein Wind ist Gottes Geist. Du siehst ihn nicht, du begreifst ihn nicht. Aber du erfährst, wie er an dir wirkt. Du weißt nicht, woher der Wind kommt, wohin er weht. So wird es sein, wenn du dein Leben aus Gottes Hand annimmst. Du weißt nicht, was sein Plan für dich ist. Vertraue dich ihm an ins Ungewisse.

Epiphanias nahm den Kopf hoch. Er lauschte in die Nacht. Dann wandte er sich zu Makarios: Mir scheint, ich verstehe jetzt besser, was ihr meint mit dem neuen Leben. Ich dachte an den Spruch der Weisheitslehrer: »Sei in deinem Leben gleich dem Boot, dessen Segel sich vom Winde füllen lassen, dann kommst du an das Ziel, das dir bestimmt ist. Meine nicht, du mußt mit deiner Kraft rudern. Laß dich von Gott bewegen!« Dann schwieg er still. Und die beiden saßen noch eine Weile zusammen in der Nacht.

Kette des Gespräches

Immer reden die Tage,
Kette des Gesprächs,
mit der Ewigkeit!
Wandern durch die Räume
in Lichtjahren.
Das Menschenleben
ein Stäubchen im Nebelgestirn.
Herbstlaub auf Gräbern,
doch wenn Sonne und Mond
und die Himmelskörper
verblassen,
weckt er
seine Kinder auf.
Ihn loben wir!

OTTO BRUDER

Aber noch ist uns das Dasein verzaubert; an hundert Stellen
ist es noch Ursprung. Ein Spielen von reinen Kräften, die
keiner berührt, der nicht kniet und bewundert.
　　Worte gehen noch zart am Unsäglichen aus...
　　Und die Musik immer neu, aus den bebendsten Steinen,
baut im unbrauchbaren Raum ihr vergöttlichtes Haus.

RAINER MARIA RILKE (1875–1926)

Ich bin ein Instrument im Konzert der Welt.
Ich habe meinen Part zu spielen
in der Verbundenheit mit den vielen.
Ohne mich fehlte eine Stimme im Ganzen der Schöpfung.
Ich höre es spielen –
wunderbarer Klang!

Und hüllt die Welt in Dunkelheit

*Einer der alten Abendhymnen aus den Stundengebeten
nimmt uns auf in das Gespräch mit dem Ewigen Du:*
O Gott, aus deinem klaren Licht
schufst du für uns den hellen Tag.
Wir suchen dich, des Lichtes Quell,
nun, da der Tag hinuntersinkt.

Die Sonne eilt dem Westen zu
auf ihrer vorbestimmten Bahn,
rasch senkt der Abend sich herab
und hüllt die Welt in Dunkelheit.

Wir flehn zu dir, o höchster Herr,
ermüdet von des Tages Last:
Mit deinem Segen nehme uns
die Nacht in ihre Ruhe auf.

Wenn unser letzter Tag sich neigt,
dann wehre, Herr, der Finsternis
und führe uns in deiner Huld
zum Licht, das keinen Abend kennt.

Dies schenk uns, Vater voller Macht,
und du, des Vaters einz'ger Sohn,
die ihr in Einheit mit dem Geist
auf ewig thront im Reich des Lichts. Amen.

Nicht einsam sein

Nacht
22 Uhr

Der Zeiger der Uhr steht auf Zehn

Diese Stunde ist durch die Erfahrung der heraufkommenden Nacht geprägt. Wir spüren das Dunkel, das uns umgibt, das einzudringen droht. Es ist die Zeit, in der wir urtümlich Einsamkeit erleben. Die schwarzen Schlagschatten draußen werden durch das kalte Licht der Neonlampen noch schärfer. Kaum einer geht noch unbefangen allein durch die Straßen. Wir wünschen uns Begleiter, ein Zuhause, wo Menschen auf uns warten.

Gerade deshalb suchen wir die Nähe zum andern. Wir erfahren, wie tief unser Leben verwurzelt ist und getragen wird durch den Kreis der Menschen, zu denen wir gehören. Über Tag hatten wir wenig Zeit, den anderen und unsere Beziehung zu ihm wahrzunehmen. Es wäre gut, uns vor der Nacht an das zu erinnern, was uns verbindet, was der andere für unser Leben bedeutet oder bedeutet hat. Das sollten wir ihm zeigen und der Verbundenheit Ausdruck geben. Vor der Nacht sollten wir gutzumachen versuchen, was wir am Tage versäumten, und »die Sonne nicht über unserem Zorn untergehen lassen«. Wir alle wissen nicht, wie lange wir einen nächsten Tag erleben.

So wollen wir uns nicht schlafen legen, ohne denen gute Nacht zu wünschen, mit denen wir verbunden sind, oder wenn sie fern von uns sind, ihnen gute Gedanken hinzuschicken. Eltern treten dann noch einmal in das Zimmer ihrer Kinder. Leise, horchend nehmen sie das junge Leben wahr, das ihnen anvertraut ist. Sie ziehen die wärmende Decke zurecht und erfahren beglückt und beglückend im leisen Gute-Nacht-Kuß wärmende Liebe. Sie vertrauen die Kinder dem an, der Geborgenheit gibt.

Nicht einsam sein

Die kommende Nacht bringt auch die Stunde der Liebe, in der Menschen sich einander schenken und sich, gelöst und beglückt, ihrer Zusammengehörigkeit freuen. Gerade vor dem dunklen Hintergrund der Einsamkeit erfahren wir dankbar das lichte Geschenk der Nähe des anderen. Zum gelingenden Leben gehört es, behutsam und verantwortlich an unseren Beziehungen zu bauen. »Zu Hause bin ich da, wo Menschen sind, die ich lieb habe!« So sagte mir auf der Flucht eine, die ihre Heimat verlassen mußte.

Aber der Einsame vermißt jetzt schmerzlich den anderen! Ob in ihm noch der Wille lebendig ist, sich neu Verbindungen aufzubauen? Dann wird er am Abend noch einmal zum Telefonhörer greifen, Briefe schreiben und lesen. Helfend ist für ihn auch ein warmes, freundliches Wohnen, Musik zu hören, sich von einem Buch oder auch einmal von einer Fernsehsendung ansprechen zu lassen, um dadurch »Welt zu begegnen«. Ein anderer führt vielleicht den Hund vor die Tür und sieht dankbar hinauf zu den Sternen, zu einem aufragenden Baum. Angesichts der Nacht könnte sich dem Einsamen das Geheimnis der Fürbitte erschließen: die Erfahrung, über Entfernungen hinweg verbunden zu sein, sich darin getragen zu wissen und andere zu tragen. Der Einsame hält für uns alle die Frage wach nach unserem Vertrauen in letzte Geborgenheit, die uns nicht einsam sein läßt.

Könnten wir uns so die Erfahrung Martin Bubers zu eigen machen, die nicht nur für Kinder gilt: »Ich habe auf das Kind hingewiesen, das, halbgeschlossener Augen daliegend, der Ansprache der Mutter entgegenharrt. Aber manche Kinder brauchen nicht zu harren: weil sie sich unablässig angesprochen wissen, in einer nie abreißenden Zwiesprache. Im Angesicht der einsamen Nacht, die einzudringen droht, liegen sie bewahrt und behütet, unverwundbar, im silbernen Panzerhemd des Vertrauens.«

Gefährte auf dem Lebensweg

Wie schön, daß es Dich gibt, Du Mensch neben mir.
Wie schön, zusammenzusein die Jahre hindurch.
Oft hatten wir es nicht leicht,
Schweres haben wir miteinander und aneinander erfahren,
aber wie schön, daß es Dich gibt!
Wie schön ist es,
daß wir miteinander sprechen können,
daß wir uns auch ohne Worte verstehen.
Wie schön, wenn Deine Augen aufleuchten,
wenn ich heimkomme,
wenn Du mir eine Blume bringst,
um mich zu erfreuen.
Wie schön, daß Du mich lieb hast im Alltag –
auch, nachdem wir uns gestritten haben.
Wie gut, daß wir einander verzeihen können.
Wie schön die Nächte,
wenn ich Deinen ruhigen Atem höre,
wenn Du schläfst,
wenn wir eins werden miteinander,
wenn ich Deinen warmen Körper spüre
und die Zärtlichkeit Deiner Hand.
Wie schön, daß es Dich gibt.

Herr Gott, ich danke dir
für diesen Menschen neben mir.
Ich bitte: Sei du mit deinem bewahrenden Schutz über ihm
und laß mich alle Sorge um ihn dir übergeben.
Laß uns noch lange beieinander bleiben –
wenn es dein Wille ist.
Laß dann den zuerst von uns heimgehen,
der es am schwersten ertragen würde,
allein zu sein.

Der Reichtum einer Familie

Was für ein Reichtum ist in solchen bedrängten Zeiten eine große, eng miteinander verbundene Familie, wo einer dem andern vertraut und beisteht. Ich habe früher bei Verhaftungen von Pfarrern manchmal gedacht, es müsse doch für die Alleinstehenden unter ihnen am leichtesten zu ertragen sein. Damals habe ich nicht gewußt, was in der kalten Luft der Gefangenschaft die Wärme, die von der Liebe einer Frau und einer Familie ausgeht, bedeutet und wie gerade in solchen Zeiten der Trennung das Gefühl der unbedingten Zusammengehörigkeit noch wächst...

DIETRICH BONHOEFFER 1943 aus der Haft in Berlin

Wort an Wort
Wir wohnen
Wort an Wort

Sag mir
dein liebstes
Freund

meines heißt
DU

ROSE AUSLÄNDER

Morgens und abends zu lesen
Der, den ich liebe
Hat mir gesagt
Daß er mich braucht
Darum
Gebe ich auf mich acht
Sehe ich auf meinen Weg und
Fürchte vor jedem Regentropfen
Daß er mich erschlagen könnte.

BERT BRECHT

Wir wurden geschaffen für die Liebe. Alle könnten ausgefüllt sein mit Liebe, alle Möglichkeiten der Zärtlichkeit und Hingabe voll ausleben, wenn sie sich ihrem Innern zuwenden würden, zur Großen Liebe, die in ihnen pulsiert und atmet. Gott ist Liebe, die sich spiegelt. Was wir im andern lieben ist das Göttliche, das uns lieben heißt. So ist alle gegenseitige Liebe ein Stück Gott.

ERNESTO CARDENAL

Entscheidungen durchhalten

Einer sitzt und denkt nach: ich habe noch so viele Träume und Wünsche in mir, aber sie sind nicht mehr zu verwirklichen. Ich habe einmal Entscheidungen getroffen, einen Beruf gewählt, einen Lebenspartner an mich gebunden, Kinder bekommen, oder ich bin auf den Weg der Ehelosigkeit geführt. Ich habe mit diesen »Entscheidungen«, »Abschied« genommen, mich von anderen Möglichkeiten »geschieden«.

Als ich jung war, standen mir alle Wege offen. Aber einmal, an einem Kreuzweg, habe ich »einen« Weg gewählt, und damit blieben die anderen unbegangen hinter mir. Und jetzt sehne ich mich nach den Wegen, die ich nicht gegangen bin, nach den »Fahrten«, die ich nicht »erfahren« habe. Die Wirklichkeit, in der ich mich jetzt vorfinde, sieht anders aus, als ich es mir erträumte. Mit Schmerz und Neid sehe ich Menschen, die das haben, was ich mir wünsche.

Was war das Motiv meiner Entscheidung? War ich mir gewiß und entschlossen: Dies ist »mein« Weg – mit allen Konsequenzen? Wenn ich jetzt sage: Alles war ein Irrtum, und mein Ja von damals widerrufe, kann ich dann noch einmal frei einen »anderen« Weg wählen? Käme dadurch nicht ein Bruch in mein Leben und das Leben derer, mit denen ich verbunden bin? Was wird aus den Wirklichkeiten, die aus meinem Ja damals erwachsen sind? Ich höre das Wort von Exupéry: »Du bist verantwortlich für das, was du dir vertraut gemacht hast!« Was heißt das für den Menschen, den ich liebe, für das Lebensvertrauen der Kinder, die mir anvertraut sind? Gibt es vielleicht doch noch Wege der Geduld, der Hoffnung, der Vergebung, des Neubeginns?

Was ist Treue – sich selbst gegenüber, dem anderen gegenüber? Der Dichter-Philosoph G. Marcel spricht von »schöpferischer Treue«, einem verantwortlichen Durchhalten einer einmal gefällten Entscheidung.

Schöpferische Treue

»Schöpferische Treue« ist ein Akt der Selbstbestimmung des Menschen. Indem ich meine Entscheidung von damals immer wieder lebendig in mein Leben, in meine Entwicklung hineinnehme, werde ich zu dem, der zu einem Selbst gerufen ist, arbeite ich mit an meiner Identität. So wird »schöpferische Treue« Selbstverwirklichung. Wo der Mensch Treue vergißt, ist er dem Augenblick ausgeliefert, Spielball, Wetterfahne in wechselnden Winden. Treue ist kein starres Prinzip, kein Stehenbleiben im »So-war-es«. Sie ist lebendiges Wachsen, ein immer neues Annehmen meines damaligen Ja.

Das Bedürfnis, Ehe segnen zu lassen, ist ein Zeichen dafür, daß – auch unbewußt – eine letzte Lebensentscheidung Antwort auf Gottes Anruf ist. Aus dem ahnenden Wissen um Gottes Treue erwächst die Kraft, sich ein Leben lang lieben zu können. – Treue verwirklicht sich in Beziehungen zu einem Partner und zu sich selbst. Deshalb ist sie ein Prozeß zwischen zwei Polen. Nur, wo zwei gemeinsam unterwegs und füreinander offen sind, auf Bedürfnisse und Eigenarten hören und sie achten, wird diese Treue gelingen. Selbstverwirklichung geschieht hier im Zusammenspiel. Gerade Treue ist tiefstes Grundbedürfnis des Menschen.

Wenn ich erfahre, mein Partner legt mich fest auf das Bild, das er sich von mir machte, und zieht sich auf seine Besitzansprüche zurück? Wenn ich erkenne, wir haben uns nichts mehr zu sagen? Kann ich, können wir beide noch einmal neu anfangen, fragen, was wir versäumten? Wenn ich sehe, wir haben uns so weit voneinander entfernt, daß jeder nur noch seine Bedürfnisse sehen kann, und es ist zu spät für eine Umkehr? Gibt es Situationen, wo unsere Wege auseinanderführen? Es gibt sie! Auch über diesen Wegen ist Gott. Er will Leben ermöglichen, nicht zerstören!

»Bis nachher« – Geschichte eines Mißverständnisses

Er ist Fahrer bei einer Omnibuslinie. Sie war Schaffnerin.
Seit die Kinder da sind, hat sie den Beruf aufgegeben. Sie
führten eine gute Ehe. Die Frau kümmerte sich sehr um den
Mann und die Kinder. Er hat oft Nachtschicht. Wenn er
heimkommt, hat sie Brote vorbereitet und eine Flasche
Bier. Sie steht dann mitten in der Nacht auf und setzt sich
zu ihm. Seit einigen Tagen tut sie das nicht mehr. Und auf
seinen Fahrten fragt er sich: Warum? Brote und Bier stehen
wie immer bereit. Aber sie setzt sich nicht mehr zu ihm, sie
schläft weiter. Er will sie nicht fragen, warum, es quält ihn
so sehr, daß er gar nicht mehr heimgehen mag.

Noch zehn Minuten, und diese Tour wäre geschafft;
dann eine Pause. Bei dem Regen wird er sitzen bleiben,
einen Apfel essen und rauchen. Schon nähert sich die Straße
dem Bahndamm, hohl rummelt der Wagen durch die Unter-
führung; ein erleuchtetes Schaufenster, die Straßenecke,
um die er in zwei Stunden nach Hause gehen wird. Nach
Hause? Lieber Himmel, ist das ein Zuhause, wo einen
niemand und nichts erwartet als eine Flasche Bier? Wozu
läuft er dann nach Hause und bei diesem Regen? Schlafen
kann er auch im Depot. Ja, das wird er heute. Man muß doch
einmal hören, was die Frau dazu sagt.

Was war das? Mit dem Hinterrad ist er gegen die Bord-
steinkante gerutscht. Nur ein leichter Schlag. Glatteis?
Vorsichtig fährt er in seinen Stand auf dem Busplatz ein. Der
Regen hat zugenommen. Die Fahrgäste steigen aus. Da
pocht es hart an seinen Schlag. Er hat keine Lust zu öffnen.
Doch schon knallt es wieder gegen die Tür. Wütend stößt er
sie auf; so plötzlich, daß die Frau getroffen taumelt. »Ach
du? Hab ich dir weh getan?« Er ist zu ihr hinuntergesprun-
gen. »Komm doch mit herein«, bittet er. Dann sitzen sie
dicht beieinander. »Ich wollte dir nur sagen, daß eine War-
nung gekommen ist wegen Glatteisgefahr in dieser Nacht.«
Er muß an den Rutsch gegen die Bordkante denken. Aber er
sagt nichts davon. Die Frau soll nicht denken, sie sei vergeblich in den Regen hinausgelaufen. »So«, sagt er darum, »es
ist gut, daß du mir das sagst!« Sie antwortet nicht. Bleich

und verschwommen spiegeln sich ihre Gesichter in der Windschutzscheibe und starren sie an. »Und daß du überhaupt gekommen bist«, sagt er zu dem Bild im Glas. »Daß du bei dem Regen gekommen bist.« Das Bild bewegt die Lippen. »Wundert es dich, daß ich gekommen bin?« Er hält den Atem an. Was soll er sagen? Mein Gott, er ist so müde zum Denken. Aus großen Augenhöhlen sieht ihn die Frau in der Scheibe an. »Warum bist du nicht mehr aufgestanden, wenn ich spät nach Hause kam?« fragt er das Bild in der Scheibe. Es versinkt unter dunklem Haar wie hinter einem Vorhang. »Ich dachte«, hört er sie neben sich, »ich dachte, es ist dir gleich, ob ich da bin oder nicht.« Die Klingel schnarrt zur Abfahrt. »Du«, bettelt er und hebt ihr Gesicht hoch, dieses gute, müde Gesicht. »Du!« Mehr weiß er nicht. Sie muß gehen, öffnet den Schlag und springt hinaus.

»Bis nachher«, ruft sie. Als er an der Ecke zur Hauptstraße stoppt, steht sie und blinzelt gegen das Licht zu ihm hinauf. Er hebt den Finger, sie grüßt mit dem Schirm. Dann biegt er ein. Die Scheibenwischer ticken und tanzen zwischen ihm und der Nacht. »Bis nachher – bis nachher«, er singt es in unerschöpflichen Variationen – bis nachher.

Nacherzählung einer Geschichte von JOHANNES SCHÖNE

Ich will die Treue lernen, die der Halt alles Lebendigen ist.
HUGO VON HOFMANNSTHAL (1874–1929)

Was der alte Makarios erzählte

Einmal, in der Dunkelheit der Nacht, kam einer aus der Gemeinde zu dem Haus des Makarios. Er trat ein. Bedrückt und zögernd erzählte er, wie sehr er von seiner Frau enttäuscht sei. Ich glaube, ich muß sie verlassen! Nachdem Makarios ihm zugehört hatte, sagte er: Bruder, ich kann dir nicht einfach sagen, was du tun sollst. Nur du allein kannst die rechte Entscheidung finden. Nur du kannst in den Nächten, in denen du allein bist, horchen, was Gott von dir will. Aber eins halte fest: das Vertrauen, Gott will nicht Leben zerstören, sondern Leben möglich machen!

Immer wieder sagt ihr mir, wenn ihr zu mir kommt: Erzählt uns, Makarios, von dem Rabbi aus Galiläa, damit wir unsern Weg finden können! Aber jetzt denke ich daran, unser Rabbi war nicht verheiratet, er hatte keine Kinder. Aber er ist Sohn in einer Familie gewesen. Er hatte ein Elternhaus. Und das ist wahrlich nicht selbstverständlich gewesen! Er hatte eine Mutter, Maria, und dann war Joseph da, der Zimmermann, der ihm zu einem Vater wurde. Du weißt ja, wie Matthäus berichtet hat, daß Maria mit Joseph verlobt war. Aber eines Tages merkte Joseph, daß seine Verlobte ein Kind erwartete, ehe sie einen gemeinsamen Hausstand begonnen hatten. Joseph war erschrocken; er verstand nichts mehr! Er muß sehr enttäuscht gewesen sein, denn er liebte Maria! Deshalb wollte er sie nicht öffentlich beschämen, nicht ihr Leben – und das Leben des Kindes – gefährden. Er wollte die Sache nicht, wie üblich, vor Gericht bringen. Aber eins war doch ganz sicher für Joseph, das stand fest: Eine Ehe konnte es nun zwischen ihnen nicht mehr geben! So überlegte er, daß er sich in aller Stille von Maria trennen wollte. Als er das noch bedachte, hatte er in der Nacht einen Traum. Ein Engel rührte ihn an und sagte: Fürchte dich nicht, Joseph! Nimm Maria zu dir! Das Kind, das sie erwartet, kommt durch Gottes Gnade. Da nun Joseph vom Schlaf erwachte, tat er, wie ihm der Engel gesagt hatte, und nahm Maria zu sich. Nach der Geburt erschien der Engel wieder: Steh auf und flieh! Die Häscher suchen nach dem Kinde! Da flohen Maria und Joseph mit dem eben Geborenen nach Ägypten. So wuchs Jesus auf, geborgen in der Liebe seiner Mutter, in der bewahrenden Treue des Vaters. Auch weiterhin erfuhr dieses Kind diese Liebe, diese Treue. Als es auf der Wallfahrt nach Jerusalem Vater und Mutter verlassen hatte, da machten sich die Eltern auf und suchten nach ihrem »verlorenen Sohn«. Sie fanden ihn im Tempel, im Hause des ewigen Vaters. So wuchs er in einer Familie auf mit Mutter, Vater und Geschwistern.

Wenn Joseph damals, als er glaubte, Maria verlassen zu müssen, nur nach seinem Gefühl und nach menschlicher Vernunft, nach üblichem Recht und Gesetz gehandelt hätte, dann wäre diese Geschichte anders ausgegangen. Aber hier wurde plötzlich Unerwartetes, das Ungewöhnliche möglich: Nach seinem Traum konnte Joseph Maria weiterhin die Treue halten, ihre Liebe zerbrach nicht. Seitdem gilt er bei uns ein wenig wie ein Schutzpatron der Familie. Dies alles erscheint mir nachdenkenswert!

Aber das ist kein Gesetz für dich. Sei offen, Gott kann auch bei dir Unerwartetes geschehen lassen! Bedenke, daß Gott zum Leben befreien, nicht Leben verkümmern lassen will. Ich wünsche dir einen Traum und einen Engel, der dir Gewißheit bringt, wie es mit euch weitergehen kann!

In der Fürbitte schicken wir dem Menschen, für den wir beten, einen Engel zu.

MARTIN LUTHER (1483–1546)

Scheidung – Schritte danach

Längsgespaltener Baum
Bis in die Wurzel getroffen
Teilung eines Ganzen
Blutende Wunde
Abgrundtiefe Trauer
Schuld auf beiden Seiten
Warum? Wozu?
»Nein!«
Geschieden – gescheitert
Zerschnitten – zu Ende – tot
Heute waren wir beim Gericht

Kein Boden unter den Füßen
Hängen über dem Abgrund
Seile unter den Armen:
Gehalten-Werden!
Einer spricht: »Ich hab dich lieb – trotzdem!«
Hineinfallen ins Gehaltenwerden

Hängen – baumeln
Monate später: Berühren eines Wegstücks
Nackte Füße
Spitze Steine und Scherben
Und wieder: Hängen – baumeln
Hineinfallen ins Gehaltenwerden

Wochen vergehen
Weg ist zu sehen
Eine Armlänge weit
Vom Morgen bis Mittag, vom Mittag bis Abend
Und dann die Nacht
Hineinfallen ins Gehaltenwerden

Der Weg ist schmal und steil
Er geht weiter
Nur bis zur Biegung
Ist er zu sehen
Nackter Felsen – nicht einmal Gras
Hineinfallen ins Gehaltenwerden

Neuland zeichnet sich ab
Kahler Felshügel – doch etwas Grün
Im Rücken noch immer der Abgrund
Vorbei – zu Ende – tot
Blick zurück? – Blick nach vorn?
Verbindung über den Abgrund?
Brücke? – Seil? –
Nichts!
Hineinfallen ins Gehaltenwerden

Ein Jahr – noch länger verzweifeltes Suchen
»Vorher« und »Jetzt« – mein Leben?
Doch sieh: Das Kreuz liegt über dem Abgrund
Die Antwort: »Laß dir an meiner Gnade genügen«
Laß das Fragen
Hineinfallen ins Gehaltenwerden

Und wieder ein Jahr
Menschen kommen –
Erfahren Wärme, Freude, Licht
Statt Scherbe Leuchter?
Kann ich als Scherbe Lichtträger sein?
Dann, Herr, dann – vielleicht –
»Ja«
HILDEGARD STEGMANN

Wenn du durch Wasser gehst, will ich bei dir sein,
daß dich die Ströme nicht ersäufen sollen;
und wenn du ins Feuer gehst, sollst du nicht brennen, ...
weil ich dich lieb habe.
So fürchte dich nun nicht, denn ich bin bei dir!
JESAJA 43

Der Weg
in den Schlaf

Nacht
23 Uhr

Der Zeiger der Uhr zeigt auf Elf

Ich möchte dankbar das Geschenk der Nachtruhe empfangen, ihr Geheimnis entdecken und vertrauend den Schlaf erwarten. In Tagen der Übermüdung erfanden wir eine neue Seligpreisung: »Selig sind, die da müde sind, denn Gott wird sie schlafen lassen.«

Ich staune über den Schlaf. In mir läuft ein Erneuerungsvorgang ab, den auch die Wissenschaft nur bruchstückhaft erklären kann. Ebenso wie mein Leib durch einen chemisch-physikalischen Verwandlungsprozeß erneut leistungsfähig wird, verarbeite ich, wie jeder Mensch, in meist unbewußt bleibenden Träumen meine seelisch-menschlichen Erfahrungen.

Den Übergang in das Unbewußte des Schlafes kann ich selbst nicht bewirken. Eine Willensanspannung erschwert das Einschlafen. Wo ich mich ängstige, voller Sorgen und Verspannungen bin wie auf der Flucht, werde ich nur eindämmern. Jedes Geräusch nehme ich wahr. Nur, wo ich mich und andere nicht abzusichern brauche, wo ich vertraue, kann ich ruhig und erholsam schlafen.

Wir kennen die Not zu kurzer Schlafzeit. Nach großer Belastung fallen wir in Schlaf, wie vom Getriebe des Tages herausgeworfen. Scheinbar traumlos vergeht die Nacht. Viel zu früh reißt uns der Wecker aus dem Schlaf heraus. Die Folge ist, daß wir uns wie zerschlagen fühlen und voll Unlust und Unzufriedenheit sind. Kaffee muß helfen, wach zu werden. Zum Frühstück bleibt kaum Zeit. Ein kleiner Ärger löst ein Gewitter aus. Wir fühlen uns wie Roboter, die nur noch funktionieren. Nach einiger Zeit wird Schlaflosigkeit eintreten und die Versuchung, nach der Tablette zu greifen. – Wie können wir aus diesem Karussell der Hetze aussteigen?

Der Weg in den Schlaf

Wir brauchen einen Übergang vom Tagewerk zur Ruhe der Nacht, um Verspannung und Unruhe, die noch in uns sind, zu lösen. Wir sind keine Maschine, die man abstellen kann. Manche suchen Entspannung bei Kriminalromanen, Illustrierten und Fernsehen. Welche Bilder nehmen wir damit in die Tiefe unseres Selbst? Belasten wir unsere Träume zusätzlich und drängen so die Probleme des Tages nur beiseite?

Mit innerer Distanz an den Tag zurückdenken, an das, was ihn ausfüllte, an Freuden, die er barg, an Menschen, denen wir begegneten, und die Wünsche, die wir für sie haben. Vertrauend und besonnen sich dem morgigen Tag zuwenden, um in ihm das innere Gleichgewicht wahren zu können. Wir versuchen, uns von den Sorgen um uns und andere zu lösen. Wir möchten sie abgeben an den, der darum weiß.

»Laß uns einschlafen mit guten Gedanken...«, so betete der Mensch früherer Zeit. Er wußte, es lohnt sich, in das Drittel des Lebens, das wir im Schlaf verbringen, gute Gedanken hineinzunehmen. Sie können die Heilungskräfte des Lebendigen freisetzen. Vielleicht hilft es, ein paar Seiten aus einem nachdenklichen Buch zu lesen, Musik zu hören, einen Abendweg zu gehen, ein stilles Gespräch zu führen, um so die innere Balance, den Grund, auf dem wir ruhen, wiederzufinden.

Barmherziger Gott, der du uns zum Ende des Tages gebracht hast, wir bitten dich: Bleibe bei uns und beschirme uns in dieser Nacht, damit wir, die wir müde sind von der Unruhe dieser Welt, ruhen mögen in deinem Frieden. Durch Jesus Christus, unsern Herrn. Amen.

Der Tag bleibt zurück

Auf diesem Weg des Übergangs in den Schlaf können uns bestimmte, zu wiederholende Schritte hilfreich werden. Es gibt den guten Rat, am Abend noch einmal entspannt die eigene Umwelt dankbar wahrzunehmen und dabei Ärger und Bedrückungen bewußt beiseite zu lassen. »...Daß uns werde klein das Kleine...« Es gilt, nicht nur seinen Lieben gute Nacht zu sagen, nicht nur sich zu vergewissern, daß Türen und Fenster verschlossen sind, sondern mit offenem Herzen das zu sehen, was uns umgibt: den Raum, in dem wir wohnen, die Bilder und Blumen, an denen wir uns freuen, die Erinnerungen, die von unserem Leben erzählen.

Dazu gehört auch, wenn es unsere verstädterte Umwelt noch zuläßt, einen Blick hinaus zu tun in die Nacht: den Windhauch zu spüren, aufzuschauen, ob über den Häuserwänden noch Sterne leuchten, zu sehen, wie das Wetter wird. Und in all dem zu erfahren: Hier sind wir zu Hause! Trotz allem! Über uns ziehen Sterne ihre Bahn, wandern Wolken hin, hüllt die Nacht uns in ein bergendes Dunkel, auch wo Lichter der Stadt uns blenden.

Wir gehen zu unserer Lagerstatt. Mit dem Abstreifen der Kleider streifen wir zugleich letzte Unruhe und Sorgen ab. Jetzt können wir nichts mehr tun. Nichts mehr verändern. Wir können nur noch »anheimgeben«.

Wir legen uns auf das kühle, glatte Laken nieder. Wir ziehen die wärmende Decke über uns. Wir strecken unseren Körper, die Wirbelsäule und alle Glieder. Die Verspannungen unseres Leibes und unserer Seele lösen sich. Wir spüren dankbar, wie ruhig unser Atem geht. Der Tag bleibt zurück.

Uns selbst aus der Hand geben

Eh ich mich niederlege, vom Tage müd gemacht,
schau ich noch einmal gerne auf in die dunkle Nacht.
Die Sterne ziehen stille die ewgen Bahnen hin.
Und nur der ewge Wille, der weiß um ihren Sinn.
Und rings das tiefe Schweigen gibt meinem Herzen Ruh.
Ich seh den Mond aufsteigen und wink ihm freundlich zu.
Und geh in meine Kammer und lösch die Kerze aus.
Und bin mit Mond und Sternen im großen Vaterhaus.

HERMANN CLAUDIUS (1878–1980)

Der Schlaf ist das Geschenk der Rückgewinnung unserer
Lebenskraft, unbewußt, ohne unser Tun. So erinnert er uns
an das Geheimnis des Lebens: Gott überläßt die Schöpfung
nicht sich selbst. Er durchwirkt sie ständig: »Du läßt aus
deinem Odem, und du erneuerst die Gestalt der Erde« (Psalm
104).

Wir aber müssen es lernen, uns selbst aus der Hand zu
geben, wie Meister Ekkehart es sagt, »uns selbst entwer-
den«, um uns neu zu empfangen. Der Mensch ist auf die
Kräfte außerhalb seiner selbst, auf Gnade angewiesen, und
es ist für ihn – zu seinem Heil – nicht alles »machbar«. So
spricht man in der Überlieferung der Kirche vom Schlaf als
dem Bruder des Todes. In jeder Nacht sinkt die Schöpfung
und mit ihr der Mensch in einen kleinen Tod, er »ent-
schläft« sich selbst. Jeden Morgen wird er zu neuem Leben
erweckt.

Du hast die Lider mir berührt.
Ich schlafe ohne Sorgen.
Der mich in diese Nacht geführt,
der leitet mich auch morgen.

JOCHEN KLEPPER (1903–1942)

Hingabe ins Vertrauen

Geschlossene Augen
Still –
Wen die große Hand,
Die glättende, glatt streichen will.
Nichts gekannt,
Nichts gedacht,
Nur Mildigkeit, nur diese Wohltat:
Hand,
Die sacht
Mich ausstreicht, allen Streit.
BERTHOLD VIERTEL (1885–1953)

Ein Kind findet in der Einsamkeit der Nacht Hilfe, wenn die Mutter es mit ihren wärmenden Händen umfängt, ihm gute Nacht sagt und ein Abendgebet spricht. Dazu braucht das Kind die Worte noch nicht zu verstehen. Wichtig ist die Erfahrung einer Geborgenheit, die Mutter und Kind gemeinsam umschließt. Dann weiß sich das Kind durch die Stunden der Nacht ohne Furcht hindurchgetragen.

Wir sind erwachsen. Wir halten uns für autonom. Wir haben die Kindergebete abgelegt, aber wir erfahren jeden Abend eine Grenze des Lebens: die Grenze zwischen Wachen und Schlafen, zwischen Leben und Tod. Sie stellt uns eine Frage. Sie gibt uns die Möglichkeit zur bewußten Hingabe ins Vertrauen. Kann es uns gelingen auf unserem Weg zu einem besonnenen Leben, das Geheimnis dieser Grenze zu entdecken, eine Rückbindung (religio) zu Ursprung und Ziel unseres Lebens vertieft zu finden? Ob vertraute Worte uns mitnehmen? Ob eine eigene Form uns zuwächst? Ob wir entdecken, daß der Weg in den Schlaf auch ein Weg in das Gebet ist, wenn wir im »Haus des Vertrauens« wohnen wollen?

Der Schlaf

Der junge Jakof Jizschak erzählte, was er bei dem Rabbi Bunam von Lublin gelernt hat:

Wenn man mich fragen wird, was ich in Lublin gelernt hätte, werde ich doch alles andere nicht sagen können, weil es unsagbar ist, und nur das eine werd ich zur Antwort berichten, daß ich hier einschlafen gelernt habe. Aber was heißt das? Wie geht das zu, daß ich sogleich einschlafe? Es geht so zu, daß ich mich hergebe. Wie in mütterliche Arme gebe ich mich her. All mein Widerstand fällt im Nu ab, und ich gebe mich her.

MARTIN BUBER (1878–1965)

Gepriesen seist du, ewiger Gott, der du die Abende dunkeln läßt und wechselst die Zeiten und ordnest die Sterne in ihrer Wache am Himmel; der du Tag schaffst und Nacht, der das Licht hinwegrollt vor der Finsternis, gepriesen seist du, Ewiger...

Laß uns niederliegen, Herr unser Gott, in Frieden und aufstehen zum Leben und breite über uns das Zelt deines Friedens. Birg uns im Schatten deiner Flügel, denn du bist ein gnädiger und barmherziger Schützer und Retter. Behüte unser Gehen und Kommen zum Frieden von nun an bis in Ewigkeit...

Gelobt seist du, ewiger Gott, der du die Bande des Schlummers auf mein Auge fallen läßt und den Schlaf auf meine Augenlider. Möge es dein Wille sein, daß ich mich niederlege in Frieden und wieder auferstehe in Frieden, daß keine bösen Gedanken und Träume mich ängstigen und meine Ruhe stören. Mein Lager sei vor dir! Erleuchte meine Augen, daß ich nicht den Todesschlaf schlafe. Gelobt seist du, Gott, der du erleuchtest die ganze Welt in deiner Herrlichkeit.

JÜDISCHE NACHTGEBETE

Was der alte Makarios erzählte

Was der alte Makarios erzählte, als sich die Gemeinde einmal in später Nachtstunde bei ihm in der Hütte zusammengefunden hatte:

Es war in der Zeit des Anfangs. Der Rabbi aus Galiläa hatte uns gerufen, daß wir mit ihm gingen. Einen langen Tag über hatte er zu dem Volk gesprochen. Am Abend war er dann mit uns in das Boot gestiegen, um an das andere Ufer zu rudern. Wir waren losgefahren. Er hatte sich hinten auf dem Schiff zum Schlafen niedergelegt. Die Dunkelheit brach herein. Es wurde Nacht. Sturm kam auf. Die Wellen schlugen in unser Boot. Es lief voll Wasser. Wir erschraken, als wir die Gefahr erkannten. Er aber lag hinten im Schiff auf einem Kissen und schlief. Wir starrten auf die heranbrandenden Wellen. Wir hörten das Pfeifen des Sturmes. Wir fürchteten uns und schrien vor Angst. Einige von uns kletterten im Sturm nach hinten und suchten den Rabbi. Der lag immer noch da und schlief, fest und ruhig. Die Wellen schlugen über uns zusammen. Wir rüttelten ihn wach und schrien: »Fragst du nichts danach, daß wir untergehen? Hilf uns doch!«

Der Rabbi richtete sich auf. Er sah uns an. Er sah auf den Sturm und die Wellen. Er stand auf, ruhig und fest, voll Vertrauen. Er rief in den Wind und in die Wellen: »Schweigt und verstummt!« Die Stille in ihm war so stark, daß der Wind sich legte und die Wellen sich glätteten. Und es ward eine große Stille.

Er sprach zu uns: »Was seid ihr so ängstlich? Gott ist bei euch, was auch geschieht. Ich bin bei euch, auch im Schlaf!« Als wir an Land waren, erschraken wir wieder und fragten: »Wer ist er? Er ist anders als alle. Wie kann er in Sturm und Dunkel so ruhig bleiben? Ist er stärker als Wind und Wellen?«

Makarios sah um sich: Ihr denkt jetzt, ihr seid allein, in allem Streit, in den Verfolgungen, in eurer Angst. Ihr fürchtet, daß das Böse euch überwältigt, daß Gott fern von euch sei. Ja ihr fragt: Wo ist denn Gott? Ich habe in meinem Leben oft zurückgedacht, wie er im Sturm geschlafen hat. Seine Ruhe, seine Stille und sein Vertrauen haben mich getröstet. Ich sehe ihn vor mir, wie er schlief. Er ist mir ganz nah!

Auf dem Gesicht des alten Makarios lag der Widerschein der Erinnerung. In der Hütte wurde es still. Dann gingen sie heim, und sie konnten schlafen, geborgen im »Haus des Vertrauens«.

Ich habe in meinem Leben viel kluge und gute Bücher gelesen. Aber ich habe in ihnen allen nichts gefunden, was mein Herz so still und froh gemacht hätte wie die vier Worte aus dem 23. Psalm:
»Du bist bei mir!«
IMMANUEL KANT (1724–1804)

Das Nachtgebet der Kirche

Betet mit mir um Gottes Segen!
Eine ruhige Nacht und ein Sterben in Frieden
verleihe uns der allmächtige und barmherzige Gott.

In der Bedrängnis des Krieges, der Luftangriffe und der
Gefangenschaft ist das Nachtgebet der Kirche, die Komplet
– was den Tag »komplett« macht – von Christen aller
Konfessionen wieder entdeckt worden und hat sie zueinander geführt. Luther hat in seiner Todesstunde Verse daraus
gesprochen und stimmte damit in das Gebet Jesu am Kreuz
ein. In der Zeit der Völkerwanderung ist die Komplet zuerst
von den Mönchen Benedikts gebetet worden: auswendig –
in ihren Mänteln auf ihren Lagern liegend – im Dunkel des
gemeinsamen Schlafraums.

Der allmächtige Gott erbarme sich unser.
Er vergebe uns unsere Sünde
und führe uns zum ewigen Leben.

Du bist ja doch unter uns, Herr!
Und wir heißen nach deinem Namen.
Verlaß uns nicht, Herr, unser Gott!

Vater im Himmel,
in deine Hände befehle ich mein Leben.
Du hast mich erlöset, Herr, du treuer Gott!

Bewahre uns, Herr, wenn wir wachen,
behüte uns, wenn wir schlafen,
auf daß wir wachen mit Christus
und ruhen in Frieden!

Herr, nun lässest du deinen Diener
in Frieden fahren, wie du gesagt hast.
Denn meine Augen haben deinen Heiland gesehen,
ein Licht, das erleuchtet die Völker.

Der Mantel der Nacht

Schon wirft die Erde sich zur Nacht
des dunklen Mantels Falten um.
Der Schlaf, des Todes sanftes Bild,
führt uns dem Grab des Schlummers zu.

Wenn uns die schwarze Nacht umhüllt,
sind wir von Traum und Wahn bedrängt,
bedroht von Zweifel und von Angst,
der Macht des Bösen ausgesetzt.

Christus, du Leben, Wahrheit, Licht,
wachsamer Hüter, sei uns nah,
daß hell der Glaube in uns wacht
auch in des Schlafes dunkler Zeit.

Den Sohn und Vater bitten wir
und auch den Geist, der alles lenkt,
behüte uns in dieser Nacht
mit deiner treuen, starken Wacht.

MAGNUS FELIX ENNODIUS, gest. 581

So heißt es in einem Psalm der Komplet:
Ich liege und schlafe ganz mit Frieden:
denn allein du, Herr,
hilfst mir, daß ich sicher wohne.

Mitternacht
heißt diese Stunde

Nacht
24 Uhr

Der Zeiger der Uhr steht auf Zwölf

Mitternacht heißt diese Stunde...
Die Mitte der Nacht. Der Anfang des Tages.
Was rührt uns an, wenn wir sehen, der Zeiger der Uhr
wandert über die Zwölf hinweg? Mitternacht...
Ein Tag unseres Lebens ist abgelaufen.
Unwiederbringlich. Zu Ende. Neuer Anfang?
Zu allen Zeiten trägt diese Stunde eine Besonderheit
in sich, sichtbar und verborgen –
vor allem in der Silvesternacht: Der Mensch erfährt,
er hat sein Schicksal nicht in eigener Hand.
Er fragt sich: Ist das alles?
Was gibt diesem Bruchstück, meinem Leben,
Ganzheit und Sinn? Was kommt danach?
In diesem Augenblick spricht ein Geheimnis des Lebens:
Leben birgt in sich Abschied und Tod,
die Spannung zwischen Augenblick und Ewigkeit,
zwischen der unabwendbaren Erfahrung
der Vergänglichkeit
und der schmerzlichen Sehnsucht, den Augenblick
festzuhalten: »Verweile doch, du bist so schön!«

O Mensch! Gib acht!
Was spricht die tiefe Mitternacht?
Ich schlief, ich schlief –
Aus tiefem Traum bin ich erwacht!
Die Welt ist tief,
Und tiefer, als der Tag gedacht.
Tief ist ihr Weh –,
Lust – tiefer noch als Herzeleid!
Weh spricht: Vergeh!
Doch alle Lust will Ewigkeit –,
will tiefe, tiefe Ewigkeit.
FRIEDRICH NIETZSCHE (1844–1900)

Mitternacht heißt diese Stunde

Ich kann nicht einschlafen. Ich erfahre die Nacht. Ein Klang von draußen macht hellwach. Wie ein Film läuft der vergangene Tag noch einmal ab: Pausenlose Arbeit. Am Abend ein konzentriertes Gespräch mit einem verzweifelten Menschen. Wie geht es ihm jetzt? Es ist erklärlich, daß ich nicht einschlafen kann. Wie soll sich der angespannte Körper, der wache Geist abschalten lassen, ohne Übergang, als ob der Mensch eine Maschine wäre? Aber das Wachsein geht tiefer. Ich will es nicht mit einer Tablette abweisen. Es ist, als ob eine Stimme nach mir ruft in der Nacht.

Ich horche hinaus. Der Wind muß von Südwest kommen. Laut ist die Nacht. Lampen machen sie hell. Ich höre ein Flugzeug, die Sirenen eines Unfallwagens. Wer fährt da durch die Nacht? Wer muß arbeiten und wach bleiben? Wer liegt in Schmerzen, in Krankheit, im Sterben? Welche Schicksale dringen an mein Ohr? Fürbitte sucht den unbekannten Nächsten! Klang von rollenden Zügen. Pfeifen von Lokomotiven.

Tiefer dringt der innere Ruf:

Unser Leben – wie ein Zug durch die Nacht!
Woher, wohin? Wo ist das Ziel?
Allmählich wird es draußen stiller.
Unerwartet ferne Glockenschläge.
Noch nie habe ich sie bis hierher gehört.
Das trifft mich.

So ist unser Leben, Brüder! Was sind wir? Ein Traum ohne Bestand. Wir gleichen dem Flug des Vogels, der vorübereilt, dem Schiff auf dem Meer, das keine Spur hinter sich läßt, dem Staub, dem Rauch, dem Morgentau, der Blume, die heute blüht und morgen verwelkt.

Gregor von Nazianz (329–390)

Zwölf Glockenschläge in der Nacht

Klang von fernen Glockenschlägen. Ich zähle mit: Eins, zwei ... elf, zwölf! »Mitternacht heißt diese Stunde.« Tiefe der Nacht – Stunde der Wende.

Die Bilder in mir laufen weiter: Einmal – wahrscheinlich – werde auch ich in Schmerzen liegen. Ich werde nicht schlafen können. Ich werde nie mehr aufstehen: Atemnot. Bewußtlosigkeit.

Wenn diese, die letzte Stunde in meinem Leben kommt, möchte ich ihr standhalten. Gut scheint es, von den Frommen früherer Zeiten zu lernen, sich darauf vorzubereiten: Heute schon einwilligen in das Unbekannteste, das mir zugedacht ist. Das Sterben annehmen, das mein Sterben sein wird. Sich einüben. Bereit werden.

Der Ruf in mir klingt heller, stärker.
Erfahrung: Geöffnetes Sein.
Ich ahne, der Tod ist das Tor auf dem Weg zur Freiheit.
Herausgerissen werden aus allem Bruchstückhaften,
Schweren, aus allen Fesseln, die mich eng machen.
Herausgerissen sein: es einmal ganz erfahren,
wer ich bin, werden zu dem, als der ich gedacht bin.
Mein tiefes Selbst erfahren.
Frei werden – leicht – klar – ganz sein.
Tod – Weg zum Licht – Tor zur Ewigkeit.
Tod – Begegnung mit dem Geheimnis »Gott«.
Keine Fragen mehr haben nach dem Unbegreiflichen.
Unverhüllt: das Unerhörte – in Gottes Hand sein!
Stille. Die Zeit verrinnt.

Beunruhigt werden in der Nacht

Die Unruhe der Nacht dringt neu in mich ein. Die Finsternis greift nach mir. Sie läßt mich nicht schlafen. Flackernde, traumhafte Bilder sind mir vor Augen: alles nicht verstehbare Leid, alles Verhängnis ringsum. Filmfetzen aus dem eigenen Leben tauchen auf: Versagen, Alleinsein, Luftangriffe, Tod geliebter Menschen. Und ich höre, wie eine Gegenstimme in mir spricht: Nein! Der Tod ist nicht gewollt! Der Tod ist der letzte Feind. Er widerspricht der Liebe Gottes.

Weichst du der Realität aus? Nimmst du die Wirklichkeit dieser nicht paradiesischen Welt ernst? Träumst du von einem Tod, der nur Freiheit ist?

Die Fragen klingen nach. Ja, schrecklich sind Leid, Tod und Schmerz. Schrecklich ist es, wenn ich es beim anderen hilflos miterlebe, wenn der Tod eine bleibende, sinnlose Lücke zurückläßt. Warum ist Tod? Die Fragen klingen nach. Bedrückung, Angst.

Die Zeit verrinnt.
Ich sehne mich hinaus.
Nach Stille, nach Frieden, nach freundlicher Dunkelheit,
die Licht in sich birgt.
Ich versuche, mich gegen die Finsternis,
die unruhige Bilderflut zu wehren. Gebet.
Still werden, ruhig atmen.
Den festen Grund spüren, der mich trägt,
die wärmende Decke, die mich umhüllt.
Still sein: das Unerhörte – in Gottes Hand sein.
Mich bergen im Unbegreiflichen.
Berührt mich eine andere Wirklichkeit –
leise, tiefer, intensiver
als alle Realität dieser Welt?

Die Geschichte vom Fährmann

Eines Tages erfährst du, daß auf der anderen Seite des Flusses ein Land der Herrlichkeit ist, von dem jedermann die wunderschönsten Geschichten erzählt. Du wünschst dir, unter allen Umständen in dieses Land zu kommen. Du machst dich auf und kommst an den Fluß. Du kannst ihn nicht durchwaten, und es ist zu gefährlich, ihn zu durchschwimmen. Aber am Ufer siehst du einen Fährmann mit seinem Boot und bittest ihn, daß er dich auf die andere Seite hinüberbringe.

Gut, sagt er, aber zuerst wirf dein Bündel weg! Ich nehme nur die Menschen mit, nicht ihr Gepäck!

Aber ich kann doch mein Bündel nicht zurücklassen! Ich habe darin Nahrung für meine Reise, Decken für die Nacht und Früchte und Blumen als Gastgeschenke. Ich habe meine heiligen Bücher darin, aus denen ich jeden Tag lese. Und außerdem ist mein Bündel nicht schwer. Fährmann, nimm mich, wie ich bin, mit dem, was ich habe. Ich will dir dafür bezahlen!

Entscheide, wie du willst, antwortet der Fährmann. Behalte dein Bündel oder laß es zurück. Ich nehme dich nur ohne deinen Plunder mit, oder ich lasse dich mit ihm hier. Was willst du? Hinüberkommen in das »andere Land«? Wage es! Besteige das Boot, und du hast das »andere Land« gewonnen! Was sie drüben von dir wollen, bist du selbst und nicht das, was du auf dem Markte kauftest, nicht das, was du hast. Nackt bist du geboren. Nur nackt kannst du wiedergeboren werden in der Herrlichkeit. Wer alles läßt, dem wird alles. Wer sich wagt, gewinnt alles. Wachse in dies Geheimnis, und du wirst von dir gelöst und in Wahrheit ganz du selbst sein.

Östliche Weisheit

Gottes Lächeln

Seit ich es weiß – ich weiß es wohl, obschon
noch unter uns angstvoll wird ausgewichen
dem schlimmen Wort, das doch beim Sprechen
roh wirkt und unrein klingt im Ton –

Seit ich es weiß, wird mir der Überfluß,
die Schönheit und die Süße aller Dinge,
die mich allseits umduften und umringen,
doppelt so lieblich und doppelt so süß.

Seit ich es weiß, scheint mir die Atmosphäre
erfüllt und wie durchtränkt von sanftem Wehen,
es ist, als ob ein jeder Sinn und alles Verstehen
noch feiner ward und schärfer als bisher.

Seit ich es weiß, tret ich hinfort
dem Fremden wie dem Freund auf meinen Wegen
offener und vertrauender entgegen
und grüße sie mit einem guten Wort.

Seit ich es weiß, ist Gott viel näher mir,
und oft, im Ernst des irdischen Spiels verloren,
so ernsthaft und so tief wie nie zuvor,
spür ich jäh Gottes Lächeln über mir.

JACQUELINE VAN DER WAALS (1868–1922)

Laß mich eingehen zur ewigen Ruhe, dorthin, wo der Wider-
hall der Freudenlieder nimmer ruht und endlose Wonne die
erfüllt, die die unaussprechliche Wonne deines Angesichts
schauen; denn du bist die wahre Sehnsucht und die unsag-
bare Freude derer, die dich lieben, Christus, dir singt Lob
jedes Geschöpf in Ewigkeit. Amen.

GEBET AUS DER OSTKIRCHE

Letzte Worte

Weizen Gottes bin ich und werde gemahlen,
auf daß ich als reines Brot Christi erfunden werde.
Meine Liebe ist gekreuzigt,
in mir ist Wasser, lebendiges, das in mir raunt,
mir inwendig sagt: Komm zum Vater! . . .
Jetzt fange ich an, ein Jünger zu sein.
In Christus Jesus hinein zu sterben ist mir gut.
Ihn suche ich, der für uns gestorben ist,
ihn begehre ich, der um unsertwillen auferstand.
Meine Geburtswehen beginnen schon.
Brüder, verwehrt mir nicht das Leben!
Laßt mich das reine Licht empfangen.
Dort angelangt, werde ich wahrhaft Mensch sein.

IGNATIUS VON ANTIOCHIEN, BISCHOF UND MÄRTYRER, gest. 110,
geschrieben auf dem Transport zur Hinrichtung

Nach deinem Antlitz begehre ich, o Herr, und die Not meines Lebens ist, daß ich es nicht finde. Ich habe dir Melodien meines Lebens vorgesungen: jubelnd und erzitternd, dankend und flehend, ich habe geklagt und gescholten. Und nun bist du mir ganz nahe gekommen, daß ich deinen Odem gleichsam an meiner Wange fühle, du mein Urquell. Nun soll ich heimgehen ins »Leben«, in die Freude des Herrn. Jetzt will ich nichts mehr sagen, aber lauschen will ich, was du mir zu sagen hast . . . »Heute, so sollt ihr wissen, kommt der Herr, und heute werdet ihr seine Herrlichkeit schauen, und es wird ein großes Licht an diesem Tage sein.« Auf dich, o Herr, vertraue ich, ich werde in Ewigkeit nicht zuschanden werden.

JOSEPH MÜLLER, PRIESTER (1944 hingerichtet)

In Gottes ewiges Licht

Wo der Mensch das Allerletzte seines Lebens erreicht, was erwartet ihn da? Nicht das Nichts, sondern jenes alles, das Gott ist. Tod ist Durchgang zu Gott, ist Einkehr in Gottes Verborgenheit, ist Aufnahme in seine Herrlichkeit. Der letzte entscheidende Weg des Menschen führt aus dem Tod ins Leben, aus dem Sichtbaren ins Unsichtbare, aus dem sterblichen Dunkel in Gottes ewiges Licht. In Gott hinein ist Jesus gestorben, aufgenommen in jenen Bereich, der alle Vorstellungen übersteigt, den keines Menschen Auge je geschaut hat, unserem Begreifen und Phantasieren entzogen. Das in Gott-hinein-Sterben ist keine Selbstverständlichkeit, keine natürliche Entwicklung. Die Auferstehung kann nur Gottes sein: Die unvorstellbare neue Schöpfertat dessen, der das, was nicht ist, ins Dasein ruft, und deshalb ein echtes Geschenk und wahres Wunder.
HANS KÜNG

Mein Leben geht zu Ende, ich weiß und fühle es. Doch fühle ich auch mit jedem sich neigenden Tage, wie mein irdisches Leben mit einem neuen, unendlichen, unbekannten, aber schon neu heraufkommenden Leben zusammenfließt, dessen Vorgefühl meine bebende Seele mit Entzücken erfüllt.
FJODOR DOSTOJEWSKI (1821–1881)

Endlich frei, endlich frei,
ich danke Gott,
ich bin endlich frei –
endlich frei
GRABINSCHRIFT VON MARTIN LUTHER KING (1929–1968)

211

Was der alte Makarios erzählte

Einmal war der alte Makarios sehr krank. Als er neue Kräfte gewonnen hatte, besuchten ihn einige Freunde. Sein Gesicht war von der Krankheit gezeichnet. Mit leiser Stimme begann er zu erzählen: Brüder, ich freue mich, daß ich euch sehe. Ich glaube, es ist gut, daß ich noch unter euch bin. Ich stand sehr dicht an der Schwelle zur Ewigkeit. Einige von euch waren in den Stunden bei mir, als ich auf eure Fragen nicht mehr antworten konnte. Aber jetzt möchte ich davon berichten.

In den letzten Wochen, bevor ich erkrankte, haben wir aus den Briefen gelesen, die unser Bruder Johannes, der Theologe, aus der Verbannung in Patmos schrieb. Etwas von dem, was wir da gelesen haben, habe ich in den vergangenen Wochen erlebt. Makarios sprach sehr leise. Seine Freunde sahen gespannt auf ihn. In der letzten Nacht träumte ich:

Ich ging auf einem Weg, der war eng und steinig. Um mich grauer Nebel. Ich fühlte mich allein. Es machte mir Mühe, zu gehen. Mein Atem ging schwer. Ich wußte, ich ging auf ein Ziel zu. Vor mir eine grau-schwarze Wand. Bedrohlich, unaufhaltsam kam das Ende des Weges auf mich zu. Schmerzen griffen nach mir. Mein Herz stockte in Angst: Was kommt da?

Plötzlich war ich gelöst. Schweres fiel von mir ab. Der Nebel wich. Der Himmel wurde azurblau. Eine Kette von Bergen lag vor mir. Sie leuchteten im Abendglühen. Die Berggipfel erstrahlten wie die goldenen Zinnen einer fernen Stadt. Ich wünschte mir nichts anderes, als auf dieses Ziel zuzugehen. Da hörte ich eine wohlvertraute Stimme: »Und Gott wird abwischen alle Tränen von deinen Augen!« Und ich hörte die Worte: »Und der Tod wird nicht mehr sein, noch Leid, noch Geschrei, noch Schmerz wird mehr sein; denn das Erste ist vergangen. Siehe, ich mache alles neu!«

Mir war, als hörte ich diese Worte zum ersten Mal. Ich hörte sie tief in mir. Mir war, als ob einer sich zu mir beugte, als ob eine linde Hand mir die Tränen von den Augen wischte, alle Tränen, die ich in dieser vergehenden Zeit geweint habe. Sehr glücklich war ich. Leicht, unverwundbar. Ich hörte Musik. Ich fühlte mich geborgen wie in »einem Haus aus Licht«. In dieses Licht ging ich hinein und wußte plötzlich: Jetzt begegne ich Gott! Wieder hörte ich Musik.

Da wurde ich wach. Dunkel war es um mich. Ich lag in meiner Stube. Einer von euch saß neben mir. Lange brauchte ich, um zurückzufinden.

Mir ist dieses Erlebnis eine Hilfe für meinen letzten Lebensweg. Es war sehr schön! Darum wollte ich euch davon erzählen. Brüder, ob wir schon jetzt im Vorschein dieser Erfahrung leben könnten?

Wir sehen jetzt wie durch einen Spiegel
ein Rätsel.
Dann aber von Angesicht zu Angesicht.
Jetzt erkenne ich bruchstückhaft,
dann werde ich völlig erkennen,
so wie ich erkannt worden bin.
1. KORINTHER 13

Ich bring alles wieder

Mir geht in den letzten Wochen immer wieder
der Vers durch den Kopf:
»Lasset fahr'n, o liebe Brüder,
was euch quält, was euch fehlt, ich bring alles wieder.«
Was heißt dies: »Ich bring alles wieder?«
Es geht nichts verloren, in Christus ist alles aufbewahrt,
allerdings in verwandelter Gestalt,
befreit von der Qual selbstsüchtigen Begehrens.
Christus bringt alles wieder,
und zwar so, wie es von Gott ursprünglich gemeint war,
ohne die Entstellung durch unsere Sünde.
Die aus Epheser 1,10 stammende Lehre
von der Wiederbringung aller Dinge (Irenäus)
ist ein großartiger und überaus tröstlicher Gedanke.
Das »Gott sucht wieder auf, was vergangen ist«
bekommt hier seine Erfüllung.
Und niemand hat das so einfach auszudrücken
vermocht wie Paul Gerhardt in dem Wort,
das er dem Christuskind in den Mund legt:
»Ich bring alles wieder.«
Vielleicht kann dir dieser Vers
in den kommenden Wochen auch etwas helfen.
DIETRICH BONHOEFFER, 1943 aus der Haft in Berlin

Gott will, daß nichts von dem vernichtet werde,
was er geschaffen hat.
TERTULLIAN (ca. 160–220)

Wie willst du Gott verstehen?

Ein Granatapfel umschließt mit seiner Schale in seinem Inneren viele Fächer und viele Kerne. So wird die ganze Schöpfung vom Odem Gottes umgeben, und dieser Odem Gottes samt der Schöpfung wird von der Hand Gottes umschlossen. Wie nun der Kern im Innern des Granatapfels, eben weil er innen ist, die Dinge außerhalb der Schale nicht sehen kann, so kann auch der Mensch, weil er samt der Schöpfung von Gottes Hand umschlossen ist, Gott nicht sehen: Gott, den Herrn des Alls, dessen Odem allem das Leben gibt, und dessen Odem du atmest!

THEOPHILUS VON ANTIOCHIEN (um 150)

Warum Edwin, König von Northumbrien, Christ wurde

Einer seiner Räte antwortete Edwin, dem König von Northumbrien, auf seine Frage, wozu die Lehre der Christen nützlich sei: »Majestät, wenn wir unser gegenwärtiges Leben auf Erden gegen die Zeit aufwägen, von der wir nichts wissen, so scheint mir dies Leben wie der schnelle Flug eines Sperlings durch diese Festhalle, in der Sie mit Ihrem Gefolge zur Mahlzeit sitzen. In der Mitte brennt ein tröstliches Feuer, das die Halle erwärmt und erhellt. Draußen aber ist Nacht und Sturm. Nach ein paar Augenblicken der Geborgenheit verschwindet der Sperling wieder in der winterlichen Welt, aus der er kam. Ebenso erscheint für eine kleine Weile der Mensch auf dieser Erde. Aber woher sein Leben kam oder was darauf folgt, davon wissen wir nichts. Deshalb, wenn diese neue Lehre uns darüber Gewißheit gibt, scheint es mir richtig, daß wir ihr folgen.«

BEDA VENERABILIS (673–735)

Dem Frieden
Raum geben

Nacht
1 Uhr

Der Zeiger der Uhr steht auf Eins

Still ist die Nacht.
Es ist dunkel.
Der Lärm verebbt.
Still ist die Nacht.
Die Unruhe in mir klingt ab.
Ich liege da, ich fühle die Wärme der Decke,
den festen Grund unter mir.
In mir ist es ruhig.
Still fließt mein Atem.
Ich spüre den leisen, gleichmäßigen Herzschlag.
Still ist die Nacht.
Dankbar bin ich für diese stille Nacht.
Das Dunkel bedroht mich nicht mehr.
Das Dunkel birgt mich.
Streit und Unruhe des Tages sind ferngerückt.
Ungelöste Fragen – ich weiß noch um sie,
aber sie schmerzen nicht.
Mir ist, als ob sich einer dazwischengestellt hat,
zwischen mich und meine Angst, meine Versäumnisse,
meine Sorgen und meine vergangene Last:
Einer hat sich dazwischengestellt.

Soviel bist du in Gott, soviel du in Frieden bist.
Denn wo etwas in Gott ist, da hat dasselbe Frieden.
MEISTER ECKEHART (1260–1328)

Dem Frieden Raum geben

Ich frage mich: Was ist die tiefste Erfahrung,
die ich in mir trage, die mir hilft, zu vertrauen
auch angesichts einer ungewissen Zukunft?
Was war das, was mich anrührte auf meinem Lebensweg?

Es war wie Lichter, Leuchtbojen,
die ein Schiff begleiten in der Nacht,
durch Dunkelheit und Sturm.
Da war Wärme, Leuchten, Stille.
Das Geschenk von Zuversicht und Freude.
Das war in kurzen Momenten, mitten im Alltag:
ein Vogellied, ein Wolkenzug, eine Blüte,
ein Lächeln, ein gutes Wort, ein Geigenklang.
Es zeigte sich in Stunden des Glücks und des Leidens,
es trug mich durch in der Verzweiflung.

Was ist meine tiefste Erfahrung?
Loslassen – sinken – sehr tief.
Aber – da ist ein Grund, der trägt.
Da ist Licht im Dunkel.
Da ist einer, der mich birgt.
Eine Hand, die sanft
auslöscht – allen Streit.
Kraft wächst mir zu.
Es geschieht etwas in mir.
Einen Namen, es zu benennen?
Friede –
Der Friede Gottes
über alles Begreifen.

Die Sehnsucht nach dem Frieden

Ich habe Bilder von den Friedensmärschen, von den Gebeten um den Frieden gesehen. Ich habe mit vielen jungen Menschen auf dem Boden in einem großen, dunklen Raum gesessen. Um Kerzen als Mittelpunkt hatten sich Kreise gebildet. Lauter kleine Lichter im Dunkeln. Musik brachte die jungen Menschen zum Mitschwingen. Dazu kamen Worte einer erschreckenden »Vision der letzten Tage der Schöpfung«, Bilder von der Gefährdung der Menschheit. Hart traf mich, was ich sonst gerne abschieben will, um überleben zu können.

Dann wurde es still. Lange, intensive Stille. Durch keinen Laut unterbrochen. Man hörte die Stille. Gesammelte Gesichter sahen in das Licht der Kerzen. Wie ist es möglich, daß so viele junge Menschen so konzentriert beisammen sein können, alle zutiefst beteiligt und betroffen? Das drängende Gebet um Frieden klang auf:

Herr, wir wissen, nicht wir können Frieden schaffen!
Nur du kannst ihn uns geben!
Öffne uns, ihn zu empfangen,
ihn mit Mut und Geduld weiterzutragen!
Mach uns friedensfähig!

Aus Wort und Erleben erwuchs gemeinsame Handlung. Brot und Saft wurden verteilt, die Einsetzungsworte gesprochen: Friedensabendmahl! Geduldig, in heiterer Gelassenheit wartete jeder, bis alle empfangen, bis alle miteinander geteilt hatten. Wärme, Behutsamkeit, Rücksichtnahme wurden beglückend lebendig. Ein Lied klang auf, wanderte durch den Raum, schwoll auf und ab. Man aß, man trank, man sprach miteinander: Friedensabendmahl!

Vision der Hoffnung

Das Friedensabendmahl erschien mir
als »Vision der Hoffnung«,
als Bild möglicher Zukunft, heute erlebt.
Hoffnung ist in mir aufgeglommen.
Hoffnung für diese Generation.
Hoffnung für unseren geliebten blauen Planeten.
Daß wir Menschen ihn bebauen und behüten
als den Garten, der er sein soll für alle,
daß wir aufhören könnten,
ihn weiter zu zerstören.
Und mir schien,
daß die Botschaft des Evangeliums
von der umfassenden Versöhnung
zutiefst Antrieb und Chance
für diese Friedenssehnsucht ist
– wie seit Jahrhunderten nicht.

Der Mensch soll zuerst selbst erkennen, daß die Konfliktsituationen zwischen ihm und den andern nur Auswirkungen
der Konfliktsituationen seiner eigenen Seele sind, und dann
soll er diesen seinen inneren Konflikt zu überwinden suchen, um nunmehr als ein Gewandelter, Befriedeter zu
seinen Mitmenschen auszugehen und neue, gewandelte
Beziehungen zu ihnen einzugehen... Es kommt einzig darauf an, bei sich zu beginnen... Der archimedische Punkt,
von dem aus ich an meinem Ort die Welt bewegen kann, ist
die Wandlung meiner selbst... Erst wenn der Mensch in
sich selber Frieden gefunden hat, kann er daran gehen, ihn
in der ganzen Welt zu suchen...
MARTIN BUBER (1878–1965)

Die himmlische Musik

Als noch das goldene Zeitalter war, wo die Tore des Himmels weit offen standen, fiel der goldene Himmelsglanz auf die Erde herab. Die Menschen sahen in den offenen Himmel hinein und grüßten hinauf. Und die Engel grüßten hinunter. Das Schönste aber war die wundervolle Musik, die damals aus dem Himmel sich hören ließ. Gott hatte dazu die Noten selber aufgeschrieben, und Tausende Engel führten sie mit Geigen, Pauken und Trompeten auf. Wenn sie zu ertönen begann, wurde es ganz still auf der Erde. Der Wind hörte auf zu rauschen, und die Wasser im Meer und in den Flüssen standen still. Die Menschen aber nickten sich zu und drückten sich heimlich die Hände. Es wurde ihnen beim Lauschen so wunderbar zumut, daß man das jetzt gar nicht beschreiben kann.

So war es damals; aber es dauerte nicht lange. Denn eines Tages ließ Gott die Himmelstore zumachen und sagte zu den Engeln: »Hört auf mit eurer Musik; denn ich bin traurig!« Da wurden die Engel auch betrübt und setzten sich jeder auf eine Wolke und zerschnitzelten die Notenblätter in lauter einzelne Stückchen; die ließen sie auf die Erde hinunterfliegen. Hier nahm sie der Wind, wehte sie über Berg und Tal und zerstreute sie in alle Welt. Und die Menschenkinder haschten jeder ein Schnitzel, der eine ein großes, der andere ein kleines, und hielten die Schnitzel sehr wert; denn es war ja etwas von der himmlischen Musik, die so wundervoll geklungen hatte.

Aber mit der Zeit begannen sie zu streiten und waren unzufrieden, weil der andere ein größeres Stück hatte. Zuletzt behauptete jeder, seins wäre die eigentliche himmlische Musik, die andern hätten nur Trug und Schein. Wer klug sein wollte, machte noch hinten und vorn einen Schnörkel daran und bildete sich etwas darauf ein. Der eine pfiff a, der andere sang b; der eine spielte in Moll, der andere in Dur; keiner konnte den anderen verstehen. Kurz, das war ein Lärm – wie noch heute!

Wenn aber der Jüngste Tag kommen wird, wo die Menschen sich an der Himmelspforte drängen wie die Kinder zu

Weihnachten, wenn aufgemacht wird – da wird Gott alle Papierschnitzel wieder einsammeln lassen, die großen und die kleinen. Die Engel werden die Stücke wieder zusammensetzen, die Tore werden aufspringen, und die himmlische Musik wird aufs neue erschallen, ebenso schön wie früher. Da werden die Menschenkinder verwundert und beschämt dastehen und lauschen und einer zum andern sagen: »Das hattest du! Das hatte ich! Ich wußte ja gar nicht mehr, daß ich eine so schöne Melodie in mir trug, und auf deine habe ich viel zuwenig gehört! Nun klingt es wunderbar und ganz anders, wenn wieder alles zusammenklingt und am richtigen Ort ist!«

Ja, ja! So wird's. Ihr könnt euch darauf verlassen!

FREI NACHERZÄHLT NACH: RICHARD VON VOLKMANN-LEANDER (1830–1899)

Wie der Wind durch die Zither wandert
und die Saiten tönen,
so tönt in mir der Geist des Herrn,
und ich ertöne in seiner Liebe.
Seinen Lobpreis gab er uns für seinen Namen.
Unser Geist preist seinen heiligen Geist.

ODEN SALOMONIS, FRÜHCHRISTLICHE DICHTUNG

Siehe, der Mensch ist der Zither gleich,
und Gottes Geist fliegt darüber hin.

EPIPHANIUS VON KONSTANTINOPEL, gest. 535

Was der alte Makarios erzählte

Einmal, sehr spät in der Nacht, machte sich Makarios auf, um Flüchtlinge aufzusuchen, die neu angekommen waren. In einem leeren Raum fand er sie, Eltern mit ihren Kindern. Makarios gab ihnen, was die Gemeinde zusammengelegt hatte.

Ein Mann brach sein Schweigen: Warum läßt Gott dieses Elend zu? Es ist nicht nur mein Schicksal, was ich nicht verstehe. Warum ist Jerusalem von den Römern zerstört? Warum gibt es überall an der Grenze Kämpfe mit heranstürmenden Barbarenvölkern? Warum fiel Feuer auf Pompeji? Warum verfolgt uns Kaiser Domitian? Warum sind die Reichen reich, und die Armen haben nichts? Nein, ich begreife nicht!

Lange sah Makarios vor sich hin. Dann sagte er leise: Ja, Ephraim, so ist es. Sind es Katastrophen, Gerichte, Heimsuchungen? Es ist auch mir verborgen!

Neu brach es aus dem Mann heraus: Ich habe meine Kinder geschlagen. Ich war zornig auf meine Frau. Ich bin im Unfrieden mit mir und der Welt!

Makarios setzte sich neben den Flüchtling auf den Boden. Dann begann er von neuem: Ich kenne Flucht, Verfolgung, Krieg und Unfrieden in mir. Aber es gibt Erinnerungen, die aufsteigen, wenn ich so im Dunkeln sitze. Darf ich dir davon erzählen, Bruder? Was mir vor Augen steht, geschah auch im Dunkeln. Es war in den schlimmsten Nächten, die ich erlebt habe. Nach dem Tode unseres Rabbis. In uns war es wie zugeschlossen. Um uns hatten wir die Türen der kleinen verborgenen Stube zugeriegelt. Wir fürchteten, die Mächtigen würden auch uns töten wie unseren Rabbi, von dem wir geglaubt hatten, er sei der Messias, der Christus, stark und unbesiegbar. In seiner Gegenwart war Friede gewesen, von ihm waren Freude und Hoffnung ausgegangen. Aber jetzt war alles zu Ende. Wie eingemauert fühlten wir uns. In unserem Innern brodelte es. Die Fragen kreisten: Warum? Wo war Gott? Wir verschlossen unsere Lippen, damit wir nicht schrien im Unfrieden unseres Herzens. So saßen wir im Dunkeln.

Da fiel ein Lichtstrahl ein. Die Tür öffnete sich. Einer trat in unsere Mitte. Wir erkannten ihn nicht. Er zeigte uns die Wunden. Zeichen, daß er Leid, Streit und Tod dieser Welt durchlitten hatte. Daran haben wir ihn erkannt. Er sprach zu uns: »Friede sei mit euch!« Das drang in uns ein. Das löste uns aus unserer Starre. Durch die offene Tür sahen wir ins Licht. Ja, wenn er lebt, wenn er den Frieden bringt, dann gibt es noch etwas anderes als diese verworrene, ratlose, friedlose Welt. Dann sind Vergänglichkeit und Tod nicht das Letzte. Dann haben nicht die Mächtigen allein die Welt in Händen, sondern der Gott, zu dem er vertrauend Abba, Vater, sagte. Dann hat Gott die Welt nicht verlassen. Freude erfüllte uns und Frieden. Noch einmal sagte er: »Friede sei mit euch!« Geht hinaus durch die geöffnete Tür zu den Menschen, zu euren Brüdern, und bringt ihnen meinen Frieden!

Es wurde still zwischen den beiden. Nach einer Weile sprach Makarios: Und nun sage ich es dir so, wie er es uns sagte: Habe Vertrauen! Friede sei mit dir, Bruder Ephraim! Der Friede, der höher ist als all unser Begreifen, der ist mit dir! Lege dich hin und schlafe ganz in Frieden! Und er zeichnete seine Stirn mit dem Zeichen des Kreuzes.

Das deutsche Wort: »Frieden« ist aus der gleichen Wortwurzel gewachsen wie das Wort »freien« (»Freier«), und das heißt: »lieben« und es heißt: »befreien«. Im Frieden zu sein, meint also: sich geliebt wissen, umfriedet und so befreit zu sein. Unsere Worte: Frei-sein, Freund-sein, freundlich-sein, erfreut-sein, freimütig-sein, sie alle können uns aufschließen, was »Friede« sein möchte.

Brief an einen jungen Menschen

Liebe Marianne! Als gestern die erschreckende Vision vom Untergang der Welt gelesen – und darauf das Friedensabendmahl gehalten wurde, hast Du gefragt: »Was sagt die Bibel über die Zukunft?« – Das letzte Buch der Bibel, die Apokalypse, wurde vom Seher Johannes während seiner Verbannung auf der Insel Patmos geschrieben. In den Schrecken des untergehenden Römischen Reiches, in Krieg und Verfolgung sieht er ein Bild der Zukunft: Hereinbrechende Katastrophen, Sonne und Mond verfinstern sich. Aber das ist nicht das Letzte. In den Wehen dieser vergehenden Zeit schafft Gott eine neue Welt: die Stadt des Friedens, das neue Jerusalem. Dann wird sich die Weissagung der Propheten erfüllen, Menschen werden ihre Schwerter zu Pflugscharen umschmieden, sie werden nicht mehr lernen, Krieg zu führen. Wolf und Lamm, Schlange und Kind werden beieinander sein ohne Furcht. Gott selbst wohnt bei den Menschen! Er ist ihr Schutz und ihr Licht. Er wird einen Bund des Friedens, ein Mahl der Freude, ein Fest der erneuerten Schöpfung bereiten. Johannes hört Christus sagen: »Siehe, ich komme bald!« Er antwortet: »Maranatha. Ja, komm Herr Jesu!« Damals, vor 2000 Jahren, gab diese Vision den Menschen die Kraft, im Vertrauen durchzuhalten. Können wir sie heute in uns einlassen, damit sie Trost in der Not ist und als Bild der Hoffnung in der Stunde des Aufbruchs voranleuchtet?

Nur der Hoffnungslose findet sich ab mit dem, was ist, und mit der Art und Weise, wie es ist.
Wer aber Hoffnung hat, sieht vor sich neue Möglichkeiten, wie es anders werden und besser gehen kann.
JÜRGEN MOLTMANN

Über den Frieden

Laßt uns göttlichen Frieden verkünden! Er ist es, welcher einigt und die Harmonie des Universums erzeugt. Deshalb begehrt alles nach ihm: Er wendet die zerteilte Vielheit der Dinge und einigt den innerlichen Streit zu einträchtigem Zusammensein. In der Teilnahme am göttlichen Frieden einigen sich die Mächte in sich selbst und untereinander und mit dem Urfrieden des Alls. Der vollkommene Friede hat die Kraft, die individuelle Eigenart zu bewahren, so daß die Wesen in Frieden mit sich selbst das wirken, was ihnen zukommt.

Was aber ist über die Frieden ausstrahlende Menschenfreundlichkeit Christi zu sagen? Mögen wir ihr gemäß lernen, nicht zu streiten, weder mit uns selbst noch untereinander. Laßt uns Jesus entsprechen, der einen von Ewigkeit vorbestimmten Frieden schafft und uns mit sich selbst und in sich mit dem Vater versöhnt.

Dionysius Areopagita (um 550)

O Gott, du bist der unerforschliche Abgrund des Friedens, das unaussprechliche Meer der Liebe, Geber der Güte. Du gibst Frieden denen, die ihn annehmen. Öffne uns an diesem Tag das Meer deiner Liebe und tränke uns mit dem Strom deiner Gnade. Mache uns zu Kindern der Friedfertigkeit und zu Erben des Friedens. Entzünde in uns das Feuer deiner Liebe, stärke unsere Schwachheit durch deine Kraft. Verbinde uns mit dir und miteinander in einem festen Band der Einheit, um Jesu Christi willen. Amen.

Aus der syrisch-orthodoxen Kirche

Wenn ich nicht schlafen kann

Nacht
2 Uhr

Der Zeiger der Uhr zeigt auf Zwei

Sturm weht um das Haus. Regen schlägt gegen das Fenster. Dies ist die Stunde, in der der natürliche Aktivitätsrhythmus seinen Tiefstand erreicht hat. Unerträglich wird es, wenn wir um diese Zeit noch immer nicht schlafen oder erwacht sind und spüren, der Schlaf kommt nicht wieder. Schwer werfen wir uns im Bett hin und her.

Jeder versucht auf seine Weise, den Schlaf herbeizulocken. Manches hilft: ein wenig essen und trinken, sich bewegen, damit sich der Kreislauf erholt. Manche beginnen zu zählen, zu lesen, um die kreisenden Gedanken abzuwehren. Manchen gelingt es, durch das autogene Training ruhig zu werden. Oder man greift dann doch zum Medikament in der Resignation, eine durchwachte Nacht könne noch nachteiliger sein als die Folgen der Tablette. Aber wir können uns daran erinnern, daß Ärzte sagen, auch 5½ Stunden Schlaf seien ausreichend. Auch in sogenannten schlaflosen Nächten treten immer wieder Schlafperioden ein. Gut ist auch der Rat von Psychologen, bewußt ein paar Nächte nicht zu schlafen, damit die natürliche Müdigkeit uns den Schlafrhythmus zurückbringt.

Wir müssen uns selbst auf die Spur kommen; wann ist für uns die rechte Zeit, was ist die rechte Form, um schlafen zu gehen? Am schädlichsten erweist es sich, mit dem Willen gegen Schlaflosigkeit anzukämpfen. Wir werden immer unruhiger, anstatt uns gelassen auszuruhen. Schlaflosigkeit kann auch ein Fingerzeig unseres Unbewußten sein. Wir sollten das nicht mit Medikamenten unterdrücken. Wir sollten nachdenken, warum wir aus dem natürlichen Ablauf herausgefallen sind, und uns dann verantwortlich darum bemühen, unsere Lebensweise zu ändern.

Wenn ich nicht schlafen kann

Schwerer ist es für den Kranken. Er wird lange Stunden der Schlaflosigkeit erleiden. Aber die innere Situation kann sich für ihn ändern, wenn er versucht, das Nichtschlafenkönnen anzunehmen. Er wird die Stille der Nacht, das Allein- und Ausgeliefertsein erfahren, aber auch spüren: Ich werde angesprochen.

Denn Schlaflosigkeit kann noch tiefere Gründe haben. Sie kann Hilfe dazu werden, daß »die Stunden unseres Lebens gelingen«. Oft ist es ein Traum, der uns aufwachen läßt. Wenn wir ihm »nach«denken, zeigt er uns einen Weg. Manchmal ist es Angst, die aufstört und uns auf den Weg bringen will. Oder klingt in uns ein Anruf, ist es unser tieferes Selbst, das uns weckt? Eine Stimme der Transzendenz? Ruft sie uns an, damit wir innehalten, unser Leben überdenken und Weichen neu stellen? Am Tage werden diese Stimmen übertönt. Aber die Nacht hat Möglichkeiten, die der Tag nicht hat.

Wir können eine unfreiwillige Schlaflosigkeit so in eine bejahte Nachtwache verwandeln. Hilfreich ist es, wenn Zettel und Bleistift neben dem Bett liegen, um Gedanken zu notieren. Dann wird sich auch der Schlaf leichter wieder einstellen. Vielleicht ist auch einmal der Entschluß von uns gefordert, jetzt aufzustehen, diese Zeit wach wahrzunehmen, wenn wir reifen, wenn wir unser Selbst finden und zum Frieden mit uns und der Welt kommen wollen.

Wen nie ein namentlicher Anruf
hat erzittern lassen, der hat noch gar nicht gelebt.
Das angesprochene Leben wird erst das volle Leben.
Eugen Rosenstock-Huessy (1888–1973)

Ein Traum, der mich befragt

Einer wacht auf in der Nacht. Er denkt zurück an seinen
Traum. Er war in einer alten Kirche. Das niedrige Gewölbe,
die Geschlossenheit des Raumes gaben ihm ein Gefühl von
Geborgenheit und Ruhe. In einer Seitennische flackerte
Licht, davor einige dunkle Gestalten, die still in den Bänken
knieten.

Im Traum betrachtet er Streben und Bögen und über-
denkt die Zeit, in der die Kirche erbaut wurde. Da öffnet
sich die Tür. Lärmend strömt eine Gruppe herein. Laut
erklärt der Führer Entstehung und kunstgeschichtliche Bedeutung des Baues. Aber der Träumer atmet auf, als die
Neugierigen den Raum verlassen. Er hört Orgelspiel. Er
erkennt das Musikstück. Er lauscht dem vollen Klang. Eine
gute Akustik hier, denkt er. Da fällt sein Blick wieder auf
die Beter in der Seitenkapelle. Noch immer knien sie dort.
Warum? Beim Hinausgehen hakt sich in ihm die Frage fest:
Was suchst du, aufgeklärter Zeitgenosse, hier in der Kirche
deiner Vorfahren? Hast du dich nicht von ihrem Erbe ge-
trennt und die Wurzeln abgestoßen, aus denen sie lebten?
Wer ist der Wirklichkeit dieses Raumes näher – du, der
seine Geschichte kennt, das Kunstwerk zu schätzen weiß,
oder jene Beter vor dem flackernden Lichtschein? Wundert
es dich, wenn Kirchen geschlossen oder in Konzertsäle
umgewandelt werden? Eigentlich beneidest du die Beter.
Sie erfahren Frieden und Zuversicht.

Der Träumer wacht auf: Ich kann nicht beten. Warum?
Wo habe ich meine Mitte? Er spürt: Ich habe die Bergung
dieses Raumes erfahren, aber seine Wahrheit ist das Gebet.

Ich sehe auf ein altes Bild

In der Nacht sehe ich auf eine alte Ikone aus Rußland.
Seltsam ihre Inschrift: Das »Nicht-schlummernde-Auge«.
Christus ruht in grüner, paradiesischer Landschaft.
Ein Engel mit dem Kreuz, die fürbittende Maria um ihn.
Über wüste Felsenzacken blickt er nachdenklich zu mir.
Über ihm ein offener, blauer Halbkreis: Gottes Auge!
Warum haben Gläubige sich dieses Bild vor Augen gestellt?
Hat der Maler in Einsamkeit den behütenden Gott gesucht,
der über unserem Leben »nicht schläft, noch schlummert«?
Wer in der Nacht arbeitet, um sein Brot zu verdienen,
wer Nachtwache bei Kranken und Sterbenden hält,
wer die Nacht durchwacht, weil er selbst krank ist,
wer in der Nacht betet, weil er nicht schlafen kann:
Er kann auf den schauen, der sich behütet weiß.
Er kann zu dem beten, der Nächte und Tage mit ihm teilt.

Vom Ikonen-Museum in Recklinghausen wird berichtet:
Nach der Eröffnung strömten die Besucher durch die Aus-
stellungsräume. Sie hatten den Katalog in der Hand, verglichen ihn mit den Bildern, begutachteten die verschiedenen
Stilrichtungen.

In einer Ecke stand unbemerkt, unbeweglich ein alter
Mann. Beim Hinausgehen sieht einer der Besucher, wie dem
alten Mann ununterbrochen Tränen über das Gesicht flie-
ßen. Er spricht ihn an. Der Alte antwortet unbeholfen. Er ist
Russe. Er stößt heraus: »Was habt ihr da gemacht? Ihr habt
unsere Bilder umgebracht! Was sollen die hier? Hier kann
man doch nicht vor ihnen beten!«

Das Gebet in der Nacht

»Wenigstens in der Nacht laß dein Herz ruhen.
Wenigstens nachts höre auf zu rennen.
Gib dich preis, endgültig, ohne Rückhalt in Gottes Hände.«

So betet der brasilianische Bischof Helder Camara, der zur
Stimme der Armen wurde. Er ist es gewohnt, um zwei Uhr
Nachtwache zu halten. In der Stille lauscht er. Er vernimmt
jene Stimmen, die der Tageslärm zugedeckt hat. Tags gibt er
weiter von dem, was ihm die Nacht geschenkt hat.

Ich kann nicht so leben wie Dom Helder Camara.
Aber ich kann von ihm lernen,
die Nacht als Geschenk mit eigenem Wert zu erfahren.
Ich kann von ihm lernen, Nichtschlafen anzunehmen,
ohne Qual, ohne Unruhe.
In mir kann die Sehnsucht wachwerden,
die Stille der Nacht und ihre Verheißung wahrzunehmen:
Vielleicht bei einem Halt auf nächtlicher Autofahrt.
Vielleicht in der Nacht, in der ich zu arbeiten habe.
Ich merke den Gegensatz zwischen dem blendenden Licht
der Lampen und Laternen und der fernen dunklen Nacht.
Ich stehe auf in einer schlaflosen Nacht.
Ich öffne das Fenster und sehe hinaus.
Ich horche auf Stille und suche die Sterne.
Ich erfahre mich neu angerührt
von dem Geheimnis: Gott.

Wenn du mir nicht die Gnade geschenkt hättest,
während der Nachtwachen die Stille zu trinken,
mich ganz von ihr durchdringen zu lassen,
wie könnte ich jene innere Stille bewahren,
ohne die man weder die Menschen hören kann
noch dich, o Herr!?
HELDER CAMARA

Gewißheit und Vertrauen

Ohne diese Nachtwachen
hätte mich der Stadtrummel verschlungen.
Das Kind wäre in mir gestorben,
weil es verlernt hätte zu spielen,
weil die Angst es eingeholt hätte.
Ohne diese Nachtwachen
gäbe es nicht dieses besiegelte, volle Vertrauen
zwischen uns beiden, o Herr!

HELDER CAMARA

Dem Leiden fühlte ich mich in keiner Weise gewachsen.
Es gab nur eine Möglichkeit der Existenz
und zugleich der Gegenwirkung: das Gebet.
Sobald ich nachts erwachte, ging ich in dieses Dasein über,
und ich verharrte darin, bis ich wieder einschlief ...
heute weiß ich, daß nur die im Gebet
errungenen Gewißheiten nicht zerbrechen,
aber sie verpflichten unbedingt.

REINHOLD SCHNEIDER (1903–1958)
geschrieben im Zweiten Weltkrieg

In diesen Nachtwachen werden wir oft nicht viele Worte
finden, aber wir können in eine »Haltung des Gebetes«
eintauchen. Bei dieser Hingabe werden kurze Stoßseufzer
hilfreich: »Vater, in deine Hände befehle ich mich und diese
Welt. – Dir in die Hände sei alles gelegt. – Hilf du mir, so ist
mir geholfen. – Der Friede Gottes bewahre uns. – Jesus
Christus, Gottes Sohn, erbarme dich unser.« –

So können wir unsere Schlaflosigkeit in ein nächtliches
Beten verwandeln, so können wir in die Melodie der Noc-
turnen einstimmen.

Was der alte Makarios erzählte

Spät in der Nacht war einer aus der Gemeinde noch bei dem alten Makarios. Sie hatten lange miteinander gesprochen. Da stieß der Besucher hervor: Die Nacht ist so dunkel. Sie bedrängt mich. Ich fühle mich allein. Ich möchte beten. Aber was hilft das? Sage mir, Bruder Makarios, was ist das eigentlich, das Beten?

Makarios blickte ihn an: Bruder Phokas, darf ich dir davon erzählen, wie ich es – ganz allmählich – gelernt habe? Zuerst war es so, daß ich mich gefragt habe: Unser Rabbi, der Zimmermannssohn aus Galiläa, der lebt so anders als wir alle. Wie ist das möglich? Von ihm ging etwas aus. Darum suchten wir seine Nähe. Darum folgten wir ihm nach. Unterwegs wußten wir oft nicht, wo wir zur Nacht bleiben würden. Wir hatten wenig Zeit für uns, weil sich die Leute an ihn herandrängten. Aber er, er nahm sich Zeit. Er ging fort von uns, abseits in die Einsamkeit, früh vor Tagesanbruch, spät in der Nacht, lange Stunden. Er war einer, der aus der Stille kam und danach lebte. Vor Jerusalem, in den letzten Tagen, als wir alle voller Angst und Spannung waren, da blieb er stehen, da nahm er sich Zeit und heilte den alten, blinden Bettler am Wege. Er hatte ein offenes Herz für das Leid der Welt, aber es überwältigte ihn nicht.

Du weißt, wir sind es seit unserer Kinderzeit gewohnt, über Tag und in der Nacht Gebete zu sprechen. Das ist gut. Bei ihm war es mehr. Wenn unser Rabbi Gott »Vater« nannte, dann spürten wir darin ein Vertrauen, das uns anrührte. Und wir baten: Herr, lehre uns beten! Und wir haben an ihm das Beten gelernt.

Am stärksten hat sich mir die letzte Nacht vor seinem Tode eingeprägt. Wir waren auch in dieser Nacht wieder draußen vor der Stadt in dem alten Garten. Unser Rabbi war voller Angst, so wie wir alle. Er fürchtete das Kommende, den Tod, das Sterben. Er bat einige von uns, in der Nacht bei ihm zu bleiben. Er ging ein paar Schritte abseits, fiel auf die Knie und betete. Er kam zu uns zurück: »Könnt ihr nicht eine Stunde mit mir wachen? – Wachet, betet, daß ihr in den kommenden Erfahrungen standhaltet!« Wir aber, seine

Freunde, wir lagen zusammengekrümmt auf der Erde, wir schliefen wieder ein, schwer von Traurigkeit und Angst.

Er aber rang in der Nacht mit Gott. Er betete lange. Er betete sich wieder in das Vertrauen hinein, in das: Ja, Vater, dein Wille geschehe! Denn du willst das Leben, du liebst diese Welt!

Ich war aufgewacht. Durch die alten Bäume strich der Nachtwind. Ich sah zu ihm hin. Er lag ganz still und gelöst da. Über seinem Gesicht lag Frieden. Er stand auf. Er kam zu uns. Er ging den Soldaten entgegen. Er stellte sich vor uns. Er schützte uns. Wir aber sind geflohen.

Dem nächtlichen Besucher war es, als erlebte Makarios diese Nacht noch einmal. Nach einer Weile fuhr Makarios fort: Immer wieder sage ich: »Herr, lehre mich beten!« Ja, manchmal bete ich: »Bete du in mir!« Wenn ich von Nacht und Dunkelheit umgeben bin, wenn das Leid dieser Welt nach mir greift, dann möchte ich mich von ihm mitnehmen lassen in diese Erfahrung seines Vertrauens, die tiefer ist als alle Fragen meines Herzens. Oft spüre ich dann: Ich bin nicht allein. Er ist bei mir!

Das ist es, so meine ich, Bruder Phokas, was das Beten ausmacht!

Ich hebe meine Augen auf zu den Bergen.
Woher kommt mir Hilfe?
Meine Hilfe kommt vom Herrn
der Himmel und Erde gemacht hat.
Er wird deinen Fuß nicht gleiten lassen,
und der dich behütet, schläft nicht.
Siehe, der Hüter Israels schläft und schlummert nicht.
Der Herr behütet dich;
der Herr ist dein Schatten über deiner rechten Hand,
daß dich des Tages die Sonne nicht steche
noch der Mond des Nachts.
Der Herr behüte dich vor allem Übel,
er behüte deine Seele.
Der Herr behüte deinen Ausgang und Eingang
von nun an bis in Ewigkeit! (Psalm 121)

Erinnerungen steigen auf

Es ist zwei Uhr in der Nacht. Erinnerungen steigen auf: Ich sehe die kleine, alte Kapelle vor mir, Holzhütten und ein Bauernhaus. In Gedanken gehe ich den kurzen Weg durch die Nacht, unterm Sternenhimmel, durch Regen und Wind. In der Ferne höre ich Eulenruf, das Blöken der Schafe auf den Weiden.

In der Kapelle flackert ein Licht. Sie gehört zu einem kleinen englischen Kloster. Dort ist es noch Brauch, in der Nacht um zwei Uhr zum Gebet aufzustehen. Die Nächte, in denen ich an dem Gebet teilnahm, gehören zu meinen kostbarsten Erinnerungen. In dem stillen Raum der Kapelle wird die überlieferte Form der Vigilien gebetet, werden die schönen alten Hymnen gesungen, klingt der ruhige Rhythmus des Psalmgebetes wie ein Auf- und Abschwellen von Meereswellen; wird in den Väterlesungen europäische Geschichte lebendig: Texte von Athanasios, Patrick von Irland, Anselm von Canterbury, Franz von Assisi, Hildegard von Bingen, Edith Stein.

Ich habe die Schwestern gefragt, warum sie das Nachtgebet halten. Sie erinnerten daran, daß die Nachtzeit für viele Menschen bedrängende Not, gefahrvolle Versuchung im Gefühl der Gottverlassenheit sei. Darum wollen sie im Wachsein und Beten ein Gegengewicht geben, damit das Gleichgewicht für alle in der Welt erhalten bleibt und heilende Kräfte wachsen. Als mich das Geheimnis des Nachtgebetes angerührt hatte, blieb ich oft allein in der Kapelle zurück. Und wenn ich nun nicht schlafen kann, wandern meine Gedanken zu diesen Schwestern, die jetzt beten, auch für mich, zu der Kapelle, in der ich gebetet habe. Dann bin ich mit meinen Sorgen und Fragen nicht mehr allein. Ich fühle mich mitgetragen durch dies ferne Gebet.

Daß dein Leben ein ununterbrochenes Gebet sei

Gebet äußert sich nicht bloß in Worten. Wir nehmen nicht an, daß Gott mit Worten an etwas erinnert werden muß; er weiß ja, was uns frommt, auch ohne daß wir bitten. Was wollen wir damit sagen? Unser Gebet darf nicht in Worten aufgehen. Die Kraft des Gebetes ruht mehr in der Gesinnung und in Handlungen, die sich auf das ganze Leben erstrecken:

Setzest du dich zu Tisch, so bete! Nimmst du Brot, so danke dem Geber! Ziehst du das Kleid an, so danke dem, der es dir gegeben hat! Wirfst du den Mantel um, so wachse in der Liebe zu Gott.

Ist der Tag vorüber, so danke dem, der uns die Sonne für das Tagewerk gegeben und das Feuer zur Erhellung der Nacht! Schaust du zum Himmel empor und betrachtest die Schönheit der Sterne, so bete zum Herrn der sichtbaren Welten, bete den großen Meister des Weltalls an, der alles in Weisheit gemacht hat!

Siehst du die ganze lebende Kreatur in Schlaf versenkt, so bete den an, der durch den Schlaf unser Arbeiten unterbricht und durch Ruhe uns wieder zu Kraft kommen läßt.

Die Nacht soll nicht ausschließlich Eigentum des Schlafes sein. Laß nicht die Hälfte deines Lebens in Schlaf verlorengehen, sondern teile die Nachtzeit in Schlaf und Gebet. Ja, der Schlaf selbst soll eine Übung der Frömmigkeit sein! Die Vorstellungen im Schlafe sind meist Nachklänge unserer Tagessorgen; wie unsere Lebensbeschäftigungen, so sind auch unsere Träume.

Auf diese Weise wirst du ohne Unterlaß beten, wenn du dein Leben nicht auf Worte einschränkst, sondern in deinem ganzen Leben dich mit Gott vereinigst, so daß dein Leben ein anhaltendes, ununterbrochenes Gebet ist.

BASILIUS DER GROSSE (329–379)

Die dunkle Nacht

Nacht
3 Uhr

Der Zeiger der Uhr zeigt auf Drei

Sieh, nun ist Nacht.
Der Großstadt lautes Reich
durchwandert ungehört
der dunkle Fluß.
Sein stilles Antlitz
weiß um tausend Sterne.

Und deine Seele, Menschenkind?
Bist du nicht Spiel und Spiegel
irrer Funken,
die gestern wurden,
morgen zu vergehen –
verlorst
in deiner kleinen Lust und Pein
du nicht das Firmament,
darin du wohnst –
hast du dich selber nicht
vergessen,
Mensch
und weiß dein Antlitz noch
um Ewigkeit?

CHRISTIAN MORGENSTERN (1871–1914)

Die dunkle Nacht

Stunde der dunklen Nacht.
Wie ein Schiff treibend –
allein auf schwarzem Meer.
Über mir Unendlichkeit des Alls.
Unter mir bodenlose Tiefe des Nichtwissens.
Stunde der Angst.
Dunkle Nachtstunde.
Jetzt brauche ich, der einsame Mensch,
bis tief in mein Unbewußtes hinein
eine letzte Geborgenheit, die mich schützt.
Eine Geborgenheit, die Grund hat
unter allen Ängsten des Alleinseins und der Ohnmacht.
Die tiefer greift als grelle Bilder möglicher Schrecken,
als die Lasten vergangener Tage.
Ich brauche eine Geborgenheit, die sich über mich wölbt
wie das tiefe Dach eines Hauses am Meer.

Bilder der Bergung treten vor mein Auge:
der Fels – den das Wasser nicht überspült,
das Licht – das mich zum Hafen lockt,
die Hand des Vaters – die mich umfaßt,
das Haus – das mich birgt wie der Schoß der Mutter:
ein Haus des Vertrauens –
darüber ziehen Sterne ihre Bahn.
Immer wieder durch Wolken verdeckt.
Verblaßt durch das Licht der Stadt.
Aber sie ziehen ihre uralten Bahnen!
»Geordnet in geheimnisvolle Ordnung.«
Bild der Zuverlässigkeit und Treue, die das All trägt,
der ich mich überlassen kann.
In ihr berge ich mich.
Ich bin »vorweggenommen in ein Haus aus Licht«!

Die Nacht gibt mir Träume

In solcher Bergung gibt die Nacht mir den Schlaf.
Erneuernde Kräfte strömen, Traum – Hüter des Schlafes.
Traum – heilend die Wunden, die der Tag mir schlug,
Traum – schlaflos machend auf zerwühltem Lager.
Jede Nacht träume ich Träume,
wenige gehen mit in den Tag.
Freund, bedenke, was Träume dir sagen möchten:
Unbewußtes spricht, tröstend, warnend, Wege weisend.
Willst du das Leben in dir entdecken,
so führe das Gespräch mit dir in der Nacht!
Weisheit der Alten, die reichte noch weiter:
Tiefer sprach für sie das Geheimnis des Traumes.
Das Buch Hiob sagt: »Gott redet.
Nur beachtet man's nicht! Im Traum, im Nachtgesicht,
wenn Schlaf auf die Menschen fällt,
da öffnet er dem Menschen das Ohr.«

Traum und Nachtgesicht

In der Nacht, der Grenze, ausgeliefert an Angst und Schuld,
liegt Jakob, der sehnend nach Segen
Vater und Bruder betrog.
Flüchtend aus bergender Heimat, wo der Väter Gott wohnt.
Flüchtend in die einsame, die Gott ferne Fremde.
Da träumt der Schlafende auf hartem Boden Bergendes:
Gott, dessen Segen er stahl, er kommt zu dem Einsamen.
Er sieht die Himmelsleiter, Engel als Boten. Er sieht Gott.
Gott wendet Angst: Ich bin mit dir, wohin du auch ziehst!
Bei der Rückkehr, in der Nacht, ausgeliefert der Angst:
Gott steht im Weg, dunkle Gestalt am Fluß, an der Grenze!
Da ringt Gott mit Jakob, bis die Morgenröte kommt.
Jakob bittet: »Ich lasse dich nicht, du segnest mich denn!«
Und Gott segnet ihn daselbst. Die Sonne geht auf!
Der Hinkende dankt: »Meine Seele ist genesen!
Ich habe Gott von Angesicht zu Angesicht gesehen!«

Die Nacht gibt mir Sterne

Dämmerung gab es so nah dem Äquator kaum. Schnell war die Nacht da: die königlich glänzende, vollkommene Nacht. Sie war es, nicht der Tag, die die flatternde Seele erquickte. Nun sank Weisheit hernieder, Ordnung, Vielfalt und Trost. Ich setzte mich in den Eingang des Zelts. Nichts auf der Welt schien bedeutend zu sein, nur dieses Schauspiel abbrennender Sterne: Milchstraßensysteme. Mich ergriff, daß die moderne Physik sich noch des einfältigen Bildes der Milchstraße bedient. Inmitten getürmter Mathematik steht nun dieses Kind, dessen Milchkrug zerbrach. – Ich lag im Sand und starrte in die Sternenräume hinauf. Denn die Sterne muß man im Liegen betrachten, die Horizonte müssen versunken sein. Das Theater der lodernden Feuer zog da vorbei, jede allnächtliche Nacht wie Musik. Wenn sich die Bilder zum Zenit erhoben, schwoll es zu mächtiger Stärke heran; wenn sie sich zum Untergang neigten, schwanden die Harmonien dahin. Stunden um Stunden starrten wir so. Die Zeit rann durch uns hindurch. Schon lebe ich wieder, ohne daß mich Nacht für Nacht dieser Sternen-Anblick ernährt. Ich glaubte damals, es nie mehr entbehren zu können. Und ich kann es nicht und bin ärmer geworden. Ich begann die einzelnen Himmelsbilder zu lieben: den fliegenden Schwan, den wilden Orion. Bilder sind das einzige, wodurch das Unfaßbare zu uns spricht. Helfen uns etwa Gedanken? Die Seele ernährt sich von Bildern. Es läßt sich wohl denken, daß es den Menschen verändert, wenn er Nacht für Nacht dieses himmlische Bilderbuch sieht. Die großen Religionen der Welt sind alle aus den Wüsten geboren. Das heißt aus den Nächten der Wüste.

ERHART KÄSTNER

Aber die Angst

In dunkler Nachtstunde fragt einer bohrend und unerbitt-
lich: Du sprichst von Frieden, von Vertrauen, von Geborgenheit. Sehnlichst verlange ich danach – aber ich erfahre
mich ohnmächtig, ausgeliefert an Angst, Sinnlosigkeit und
Schwermut. Du entmutigst mich schrecklich. Siehst du
nicht die Realität dieser Welt? Hast du die bedrohliche
Nacht des Lebens nicht bitter geschmeckt? Deine Worte
erreichen mich nicht. Sie lassen mich verstummen. Ich bin
ausgestoßen. Ich bleibe unverstanden und furchtbar einsam! – So kann ich nicht leben... Ihr alle sprecht so sicher
vom Beten, von Gottes Nähe! O wie habe ich danach
gesucht, geschrien – aber Gott bleibt fern, Menschen sind
unerreichbar! Und die Angst bleibt – wie eine dunkle
Macht, die mich lähmt und erstickt, aus der es kein Entrin-
nen mehr gibt. Ich brauche Hilfe... ich falle ins Bodenlose... wer reicht mir die Hand?

Lange stehen diese Worte schweigend im Raum – zögernd versuche ich eine Antwort: Du, bleibe in dieser Nacht
bei mir, unter meinem Dach! Hilf mir, daß ich dich jetzt
nicht allein lasse. Ich kann die letzte Schwere deiner Not
nicht erreichen. Aber sage mir, wo ich dich mit sicheren,
ermunternden Worten nur noch tiefer in Dunkelheit stoße.
Ich weiß, ich habe dir gegenüber oft versagt. Im Mitleben
mit dir erfuhr ich selbst Erschütterung und verzweifeltes
Fragen. Mein Glaube und ich selbst sind in Frage gestellt.
Das Unbegreifliche des Leidens, des Bösen, der Finsternis
der Welt, das hat neu nach mir gegriffen. Du hast mich
gezwungen, wieder nach den tiefsten Wurzeln meiner Existenz zu graben. Du, sage mir, wie kann ich dir Hilfe
bringen? Monate später – leise kommt ein Echo: Du hast
mir deine Tür geöffnet. Du hast mich hereingeholt in dein
Haus. Du hast mich erwartet. Du sahst mich an. Du freutest
dich über die ersten grünen Zweige, die ich dir vom Wege
mitbrachte. Du hast mir gedankt. Hilfe hast du mir da
gebracht, wo du mich lange, still und geduldig anhörtest, wo
du schweigend gewartet hast, bis ich mich öffnen konnte
und wieder Worte fand und weinen konnte, wo ich erfuhr,

du wandtest dich nicht ab von dem Dunkel – in mir und um uns herum. Du gabst mir Zeit und Raum, in der meine Unruhe, meine Anklagen sich lösten und – ich fand mich wieder und fand zur Ruhe. Du bliebst mir nah, ich spürte lebendige Wärme; da wurde meine Einsamkeit einen Spalt weit aufgebrochen.

Und wenn du dann gesprochen hast, vorsichtig, tastend, da merkte ich an dir, daß du auch Schrecken erfahren und herausgefunden hast. Da glomm in mir wieder Hoffnung auf, daß es auch für mich noch einen Weg gibt. Und allmählich konnten meine Augen wieder Licht sehen. Ich denke zurück an den Raum, in dem ich damals bei dir saß, an dein Osterbild, an die Kerze, die du angezündet hattest. Ich spürte, du suchst aus der Kraft zu leben, der du dich anvertraut hast. Und – jetzt möchte auch ich leben!

Ich bin allein, ich weiß nicht aus und ein.
Allein in leerer, atemloser Luft,
Allein im Herzen, vor mir selber scheu.
Alle meine bunten Bälle sind verpufft.
All meine Weisheit ward Dunst und Spreu.

Ich bin arm, Herr, erbarm!
Ist der bange Tag nun verstrichen?
Brach die Nacht hinter uns entzwei?
Alle Sterne sind blind, sind verblichen:
Ruf uns! Wir rufen Dich herbei!
KARL WOLFSKEHL (1869–1948)
Der jüdische Dichter starb, verjagt und verlassen, im Exil.

Was der alte Makarios erzählte

Einmal, in einer sternklaren Sommernacht, schlief Makarios nach dem Brauch des Landes auf dem Dach seines Hauses. Neben ihm lag ein Besucher, der noch spät am Abend gekommen war. Mitten in der Nacht wachten beide auf. Sie kannten sich nicht. Sie waren sich fremd. Doch die Nacht schob Fremdheit beiseite, ließ Alltägliches zurücktreten. Wesentlich war nur noch die Nacht mit ihren Sternen. Da begann der Fremde ein Gespräch. Nach einer Zeit zeigte Makarios antwortend nach oben: Heb deine Augen auf und sieh! Wer hat solches alles geschaffen? Und doch meinst du, daß dein Weg vor Gott verborgen sei? Laß uns horchen auf die Stimme Gottes in der Nacht. Er spricht zu uns. Ich habe es erfahren.

Es war, als ich mit dem Rabbi Jesus durch die Dörfer am See Tiberias wanderte. Eine große Menschenmenge hatte den ganzen Tag bei ihm Hilfe gesucht. Am Abend hatten wir unsere wenigen Brote mit ihnen geteilt, und es reichte für alle. Das war ein großes Erleben für mich. Dann aber schickte der Rabbi uns allein in unser kleines Boot. Allein sollten wir ans andere Ufer fahren! In der Nacht wollte er auf einen einsamen Berg gehen, um zu beten. Das Boot legte ab. Wind kam auf. Schnell wurde es finster. Ich saß vorn im Boot. Ich kannte den See nicht. Ich fühlte mich allein. Das Boot wurde von den Wellen hin- und hergeworfen. Ich wußte, tief sind die Wasser im See. Ich dachte, da ist kein Grund mehr unter mir und kein Stern über mir. Rings um mich war undurchdringliche Dunkelheit. Ich fühlte mich allem Widrigen ausgesetzt. Stunde um Stunde trieb das Boot vor dem Wind auf dem Wasser. Ich dachte: Der Rabbi hat uns allein gelassen! Ich dachte: Er ist weit weg! Wir sind ihm nicht wichtig.

Da – in der dunkelsten Stunde, um die vierte Nachtwache, da sah ich etwas auf dem Meer, als ob böse Geister und Gespenster auf uns zukämen. Ich sah nach hinten: Auch die erfahrenen Fischer dort im Boot zeigten ihre Angst. Ich schrie vor Furcht. Aber da geschah plötzlich etwas Seltsames:

Aus dem Sturm und dem Dunkel spricht eine Stimme zu mir. Diese ist mir vertraut. Das ist er! Er sagt: »Seid getrost. Ich bin es. Fürchtet euch nicht!« Ich höre seine Stimme. Da löst sich meine Angst. Sein Wort erfüllt mich ganz: Sei ohne Furcht – auch in der Dunkelheit. Ich bin dabei! Mein Herz wird still. Das Meer wird still. Ich habe erfahren: Ich bin nicht allein!

Der Himmel klarte auf. Durch die Wolken sah ich die ersten Sterne. Ich wußte wieder, wohin wir zu steuern hatten. Die Nacht war mir nicht länger bedrohlich. Als ich ihn bei mir wußte, fühlte ich mich hinter den Holzplanken des Bootes geborgen. Auch die Nähe der anderen nahm ich wieder wahr. Und ich wußte es neu: Gott ist auch der Schöpfer der Nacht. Alles ist in seiner Hand. Vor ihm ist die Finsternis nicht finster. Gott sucht das Herz des Menschen auf in der Nacht. Er spricht zu ihm.

So erzählte Makarios. Lange war es still. Dann erhob er sich: Komm, Freund, die Nacht hat sich abgekühlt. Klar sind die Sterne über uns. Laß uns ins Haus gehen und dort weiterschlafen und vergiß nicht: »Der dich behütet, schläft und schlummert nicht!«

Gott des Weltalls! Ich glaube von neuem.
Denn auch in der Irre warst du bei mir!
ALEXANDER SOLSCHENIZYN

Hinhören

Den Sternen
vertrauen wie Abraham
Das Geheimnis der Rückkehr
bergen wie Isaak
Einen Traum
wie Jakob haben.

Und dennoch
nicht scheuen über Asphaltstraßen
zu gehen –
nicht dem Neonlicht
ausweichen –
den Blick zum Himmel durch Telephondrähte
wagen –
den Aussatz der Zeit
wahrnehmen…
Wie Mose heiligen Boden
unter den Füßen
spüren
und hinhören…

GITTA MEERFELD

Am Tage
viele Stunden
brauchen wir
deine Güte
oh Herr
Die Nacht
ist dunkel
Güte
reicht nicht mehr aus
Seufzen bleibt
Wo aber
die Klage anhebt
steigt das Lied zu dir auf

IRENE LAUBE

Trauer lösen, die uns engt

O Gott, du Schöpfer aller Welt,
der aller Sterne Bahnen lenkt,
du hüllst den Tag in holdes Licht,
in gnäd'gen Schlaf die dunkle Nacht.

Ruhe möge unsere Glieder lösen,
ertüchtigen zu neuem Werk,
erschöpften Geist neu beflügeln
und Trauer lösen, die uns engt.

Danksagung nach vollbrachtem Tag,
Gebet, bevor die Nacht beginnt,
gelobten Dienstes heil'ge Pflicht
sei vor dir unser Lobgesang.

Wenn schwarze Finsternis den Tag
in Dunkel tief gefangen hält,
dann wisse Glaube nichts von Nacht,
dann werde Nacht vom Glauben licht.

Dich träume unser tiefstes Herz
von Sünde und Versuchung frei.
Die Ruhe störe keine Angst,
kein böser Schrecken weck uns auf.

Den Sohn und Vater bitten wir,
zugleich den Geist, der beide eint:
Dreiein'ge Macht, die alles lenkt,
bewahre uns in dieser Nacht! Amen.

AURELIUS AMBROSIUS (339–397)

Zum
Hahnenschrei

Nacht
4 Uhr

Der Zeiger der Uhr zeigt auf Vier

Stunde vor Tau und Tag, zwischen Nacht und Tag!
Schön kann diese Stunde sein! Wunderbare Erinnerung:
Wir treten hinaus aus dem Haus. Wir sehen letzte Sterne.
Wir atmen die kühle Luft. Wir haben den Tag vor uns.
Von fern her klingt ein erster Hahnenschrei.
Wenn wir einen Berg besteigen wollen –
wenn wir vor Sonnenaufgang auf den Chor
der Vogelstimmen hören wollen –
schön kann diese Stunde sein!
Stunde vor Tau und Tag, zwischen Nacht und Tag.
Schwer kann diese Stunde sein. Schwer ist es,
sie schlaflos zu durchwachen. Wie ein Berg
stehen die Sorgen vor uns. Stunde der Grenzerfahrung,
des Dunkels, der Selbstbegegnung: Wer bin ich?
Zu dieser Stunde kamen in der alten Kirche
die Frommen zum Frühgottesdienst zusammen
in Erwartung des wiederkommenden Herrn.
Bis heute heißt das Morgengebet
bei den orthodoxen Christen: Zum Hahnenschrei.
Der Hahnenschrei war in alter Zeit ein Sinnbild
vom Ruf aus dem Dunkel zum Licht,
aus dem Traum zum Tag.
Der Jude betet jeden Morgen:
»Gelobt seist du, Gott, Vater und Herr der Welt,
du hast dem Hahn gegeben, zwischen Tag und Nacht
zu unterscheiden. Gelobt seist du, o Gott,
der du aus meinen Augen den Schlaf mir nimmst
und den Schlummer von meinen Augenlidern.«
Der Hahnenschrei rief einst den Petrus wach,
daß er sich erinnerte: »Du wirst ein Verleugner sein!«
So erinnert uns der Hahn hoch auf dem Kirchturm:
Sei wach! Finde zurück zum Heil!

Zum Hahnenschrei

Verdammter Hahn. Jede Nacht
hör ich dich krähn und schmecke
den Rauch des Wachtfeuers
auf der Zunge.

Und höre die pockennarbige Magd,
die mit den Haarzotteln:
Warst du nicht bei ihm? Und höre mich
sagen: Nein.

Und seh bei der Glut die Soldknechte
würfeln. Und sehe die Hände, die
mich befreiten,
gefesselt.

Und spüre den Blick beim Qualm der Fackel,
das blutige Aug, das mich sucht. Und
wende mich ab und sage: Ich
bin's nicht.

Verdammter Hahn. Jede Nacht
schneide ich ihm den Hals ab. Doch
das Vieh kräht, kräht. Kräht
unterm Messer.

RUDOLF OTTO WIEMER

Meine Seele sehnt sich nach dir in der Nacht,
mein Geist verlangt nach dir am Morgen.
Antiphon aus dem Nachtgebet, den Vigilien

Wer bin ich?

Schlaflos liege ich, wach vor Morgengrauen: Stunde der Grenze, der Selbstbegegnung. Wieder und wieder bin ich in Frage gestellt: Wer bin ich?

So frage ich in Stunden des Glücks, die mein Ich ausweiten: als ich Liebe erfuhr, mich Staunen ergriff oder Rettung aus Gefahr, als mein Leben vor mir lag – wie neu!

Wer bin ich, so frage ich müde, resigniert, in Zeiten des Versagens und Unverstandenseins. Bin ich nur das, was ich selbst an mir erfahre, an Schwächen und Grenzen? Bin ich nur der, der sich so oft nicht selbst bejahen kann: Ich war ein Esel, wie konnte ich das nur tun?

Wer bin ich, festgelegt durch mein Erbe, eingezwängt in mein Wesen, dieses »Produkt« von sozialem Umfeld und früher Kindheit, von ungelösten Komplexen? Bin ich nur so, wie andere über mich urteilen?

Wer bin ich, der ich eingebunden bin in Schuldzusammenhänge meiner Familie, meines Volkes? Was habe ich daraus gelernt?

Wer bin ich, der rechtes Tun versäumte, der anderen wehtat und das nicht mehr auszulöschen vermag? Wie kann ich damit leben, ich, der ich schuldig wurde?

Wer bin ich, so abhängig von Vergangenem, von anderen, von Lebensumständen? Hilft es, alle Verantwortung abzuschieben und zu sagen: »Ich kann nichts dafür!«?

Wer bin ich, nach enttäuschten Hoffnungen und unerfüllten Wünschen, oft unzufrieden im Alltag, inmitten zerronnener Beziehungen zu anderen lebend?

Wer bin ich, mutlos und verzweifelt vor einer Zukunft voll ungelöster Fragen und drohender Tatsachen?

Gibt es noch Hoffnung, Möglichkeiten, um die ich nicht weiß?

»Wer ich auch bin, Dein bin ich, o Gott!«

Aus den Gedanken Gottes komme ich.
Geschöpf seiner Hand, das bin ich.
Ein unauswechselbarer Baustein, ein Glied
in der unendlichen Vielfalt der Schöpfung.
Vielfältig auch ich, voll ungewußter Möglichkeiten.
Das bin ich, gewollt und gebraucht
inmitten von Verhältnissen, in die ich gestellt bin.
Mein Leben ist nicht erklärbar, nicht festgelegt.
Ich bin nicht das Produkt von Vererbung und Kindheit.
Mein Leben ist immer wieder schöpferischer Neubeginn.
Aus der Liebe bin ich geboren.
Ihr will ich mich anvertrauen, auch wo ich nicht verstehe,
daß ich so bin, wie ich bin; daß ich da bin, wo ich bin.
Der Liebe Gottes will ich mich anvertrauen.
Sie läßt mich in Angst nicht allein.
Sie nimmt von mir die Last des Vergangenen.
Sie befreit. Sie gibt neuen Anfang! –
Mein Leben, gegeben als Gabe und Aufgabe. Ich vertraue:
Gott schreibt auch auf krummen Linien gerade.
Er sieht das Ganze. Ich sehe nur das Bruchstück.
Der Gott, den ich begreife, das ist nicht Gott.
Das Leben, das ich verstehe, das ist nicht Leben.
Gott ist Geheimnis. Mein Leben bleibt Geheimnis.
Es ist mir anvertraut.
Ich will die Verantwortung annehmen.
Ich will mich der Barmherzigkeit Gottes anbefehlen
für diesen Tag, der vor mir liegt.
Ich nehme ihn an aus der Hand dessen,
der mir mein Leben gab,
der mit mir unterwegs ist.

Was der alte Makarios erzählte

Spät in der Nacht kam ein Mann zu dem kleinen Haus des Makarios. Drinnen brannte noch Licht. Da klopfte er an. Makarios öffnete die Tür. Aus dem Dunkel der Nacht trat der Mann in das warme Licht des Hauses. Er war voller Fragen: Ich habe versagt! Andere haben versagt. Mein Leben ist gescheitert. Wer bin ich? Ich weiß nicht mehr weiter!

Makarios hörte zu. Er ließ dem anderen Zeit, um zu erzählen. Nach einer langen Pause sagte er: Als du mir eben berichtet hast, ging mir durch den Kopf, was mir Petrus einmal von seiner Wiederbegegnung mit Christus am Ostermorgen erzählt hat. Du weißt, das Herz war Petrus schwer. Er, der Leidenschaftliche, der immer der erste unter uns war, der nach dem Schwerte griff, als die Soldaten kamen, um Christus zu verhaften – er war geflohen und hatte ihn verleugnet! In dieser dunklen Nacht – er wußte Jesus in der Hand der Gegner. In dieser kalten Nacht – vor der Tür des Palastes, wo sie ihn verhörten. In der Nacht, als die Magd ihn fragte: »Gehörst du auch zu diesem Rabbi aus Galiläa?«, verleugnete er ihn dreimal: »Nein, ich kenne diesen Menschen nicht!« Dann starb Jesus am Kreuz. Petrus war nicht dabei – aus Angst. Es begruben ihn andere. Wie in einem Grab fühlte sich Petrus selbst. Er war Versager, gescheitert. Ohne Weg in die Zukunft. Alles war ihm zerbrochen.

Aber dann kam der, dem Petrus einmal geantwortet hatte: »Du bist der Christus, der Erwartete, der Sohn des lebendigen Gottes!« Er kam und suchte ihn. Er saß mit ihm am Feuer. Er teilte mit ihm das Brot. Petrus konnte kein Wort sagen. In ihm kreisten verzweifelte Gedanken.

So erzählte mir Petrus davon: Christus sprach mich an. Kein Wort des Vorwurfs. Keine Frage nach meinem Versagen. Kein Satz, der mich aufgefordert hätte, mich meiner Schuld anzuklagen. Jesus fragte mich nur sehr behutsam: »Hast du mich lieb?« Und in diesem Angesprochenwerden geschah in mir die Umkehr. Es war mir, als ob ich aus dem Grab herausgeholt würde. Aus Verzweiflung wurde wieder Vertrauen. Ich fühlte: Du weißt um mich. Du bleibst mir

treu. Du liebst mich. Und mir selbst unbegreiflich, plötzlich wußte ich es wieder: Ja, ich habe dich immer geliebt!
Du befreist mich zu der Antwort: Herr, du kennst mich,
tiefer als ich mich selbst! Du weißt alle Dinge, du weißt,
daß ich dich liebhabe!

Es war still. Makarios hob den Kopf und sah den Besu-
cher an: Bruder, jetzt möchte ich dir das gleiche sagen.
Christus, von Gott aus dem Grab in das unvergängliche
Licht geholt, der will auch dich wieder in das Leben führen.
Was dich auch belastet, eigenes und fremdes Versagen:
Christus macht dich frei. Auch Schuld soll dir zum Heile
dienen. Und so wie Christus damals am See den Fischer
Petrus mit dem Hirtenamt, mit der Sorge für die Schwachen
beauftragte, so schenkt er dir verwandelten, tieferen Le-
benssinn! Was Christus uns Ostern mitgab, das Geschenk,
neu anzufangen, das spreche ich dir jetzt zu: Im Namen des
lebendigen Gottes! Ich spreche dich frei, los und ledig von
all' deiner Schuld! Gehe hin in Frieden! Gehe hin in die
Freiheit und Freude Gottes!

Makarios stand auf, umarmte ihn und gab ihm den
Bruderkuß. Als er dem Besucher die Tür öffnete, leuchtete
am hellen Osthimmel der Morgenstern.

Hell strahlt
über uns
das Leuchten Deines Angesichts,
o Herr,
und Freude senkst Du
in unsere Herzen. (Aus Psalm 4)

Ich glaube an Gott, den Allmächtigen

Was heißt das? Ich setz mein Trauen auf keinen Menschen auf Erden, auch nicht auf mich selbst. Ich setz mein Trauen auf keine Kreatur, sei sie im Himmel oder auf Erden. Ich wage und setze mein Trauen allein auf den unsichtbaren, unbegreiflichen, einigen Gott, der Himmel und Erde erschaffen hat und allein über alle Kreaturen ist. Ich glaub nichtsdestoweniger an Gott, ob ich von allen Menschen verlassen und verfolgt wäre, ob ich arm, ungelehrt und verachtet bin. Ich glaube nichtsdestoweniger, ob ich ein Sünder bin. Denn dieser mein Glaube soll und muß schweben über alles, was da ist und nicht ist, auf daß er an Gott sich halte, wie mich das erste Gebot drängt. Ich trau beständig auf ihn, wie lang er verzieht, und setze ihm kein Ziel, sondern stelle es alles seinem göttlichen Willen anheim in einem freien, richtigen Glauben.

MARTIN LUTHER (1483–1546)

Luthers Mut und Vertrauen ist persönliches Vertrauen, das aus einer Ich-Du-Begegnung mit Gott abgeleitet ist. Der Mut des Vertrauens wurzelt nicht im Vertrauen auf sich selbst. Man kann erst vertrauen, wenn man aufgehört hat, das Vertrauen auf sich selbst zu gründen. Er basiert allein auf Gott. Er wurzelt in der persönlichen Gewißheit der göttlichen Vergebung, sich anzunehmen als angenommen. Der Mut zum Sein ist der Mut, die Vergebung anzunehmen, nicht als Idee, sondern als Erfahrung der Begegnung mit Gott. Diese ist bei Luther nicht nur die Grundlage, sich zu bejahen trotz Sünde und Schuld, sie ist auch die Quelle für die Selbstbejahung trotz Schicksal und Tod. Denn Gott begegnen heißt der Quelle der Gnade begegnen, die annimmt, was unannehmbar ist, und an der Ewigkeit teilhaben läßt, was der Zeit angehört.

PAUL TILLICH (1886–1965)

Der Hahnenschrei

O ew'ger Schöpfer aller Welt,
des' Walten Tag und Nacht regiert,
du setzt den Zeiten ihre Zeit,
schenkst Wechsel in der Zeiten Lauf.
Der Hahn, des Tages Bote ruft,
der Wächter in der Finsternis.
Sein Schrei trennt von der Nacht die Nacht,
dem Wanderer zur Nacht ein Licht.
Da steigt der Morgenstern empor,
erhellt das schwarze Firmament,
da weicht der dunklen Mächte Schar
vom Weg des Unheils scheu zurück.
Da fühlt der Schiffer neue Kraft,
des Meeres Brandung sänftigt sich,
und Petrus, der Felsen, er weint,
bereut die Schuld beim Hahnenschrei.
So stehet rasch vom Schlafe auf:
Der Hahn weckt jeden, der noch träumt.
Der Hahn bedrängt, die säumig sind,
der Hahn klagt die Verleugner an.
Hoffnung erwacht beim Hahnenschrei,
und Lindrung strömt den Kranken zu.
Der Räuber läßt von seinem Tun,
Gefallene vertrauen neu.
Herr, wenn wir fallen, sieh uns an
und heile uns durch deinen Blick.
Dein Blick löscht Fehl und Sünde aus,
in Tränen löst sich unsre Schuld.
Du Licht, durchdringe unsern Geist,
von unsern Herzen scheuch den Schlaf,
dir sei das erste Wort geweiht,
dich preise unser Morgenlob. Amen.

AURELIUS AMBROSIUS (339–397)

Das neue Licht

Morgen
5 Uhr

Der Zeiger der Uhr zeigt auf Fünf

Noch ist es dunkel. Wer um diese Zeit durch den rasselnden Wecker geweckt wird, hat wenig Muße, die Stille der Nacht in sich aufzunehmen und Morgengedanken zu denken. Kommende Pflichten beengen ihn schon jetzt. Wer wach liegt, sehnt sich zurück in den Schlaf und möchte den Tag von sich abwehren. Es ist eine leise Stunde zwischen Nacht und Tag. Noch ist sie bestimmt von der Dunkelheit, aber zugleich steigt stetig, verschieden im Wechsel der Jahreszeiten, die Dämmerung auf, die das neue Licht ansagt und erwartet. Es ist gut, sich von diesem Übergang behutsam mittragen und sich einen Augenblick lang von dem Geheimnis dieser Stunde ansprechen zu lassen.

Der antike Mensch erfuhr es noch als Wunder, daß es Tag wird und die Nacht nicht Nacht bleibt. Deshalb wurde das Licht des kommenden Tages für ihn zum Gleichnis. Auch die frühen Christen haben die Bilder von Nacht und Licht gebraucht, wenn sie von ihrem Glauben sprachen. Den Hirten auf dem Felde erscheint in der dunklen Winternacht die strahlende Klarheit der Engelsbotschaft. Den Frauen, die sehr früh am Ostermorgen, bevor die Sonne aufstieg, zum Grabe gingen, ruft der lichte Engel zu: »Er ist nicht hier, er ist auferstanden!« Und er, der Auferstandene, sagt von sich: »Ich bin der helle Morgenstern, das Licht der Welt!«

Hört, eine helle Stimme ruft
und dringt durch Nacht und Finsternis:
Wacht auf und lasset Traum und Schlaf –
am Himmel leuchtet Christus auf!
Dies ist der Hoffnung lichte Zeit;
der Morgen kommt, der Tag bricht an:
ein neuer Stern geht strahlend auf,
vor dessen Schein das Dunkel flieht.

Alter Hymnus

Das neue Licht

Sehr früh ist es. Der Osternachtgottesdienst beginnt. In der dunklen Kirche sind die Menschen still beieinander. Alte Texte werden gelesen von der Finsternis des Anfangs, in die Gott sein »Es werde Licht!« sprach; von der Nacht, in der er sein Volk unter der Feuersäule in die Freiheit führte. Ganz allmählich nehmen die Augen ein erstes Dämmern wahr. Da wird ein brennendes Licht in den dunklen Raum getragen: die weiße Osterkerze. Dreimal singt mit steigender Tonlage der Kerzenträger die Botschaft: »Christus ist das Licht.« Alle entzünden ihre Kerzen, alle fallen ein in den Ruf: Christus ist erstanden, er ist wahrhaftig auferstanden!

Ich aber erinnere mich in dieser Stunde an meinen ersten Osternachtgottesdienst in einem kleinen griechischen Bergdorf am Meer. Er beginnt schon am Abend. Zu Anfang trauriges Singen: Man beklagt den Toten. Auf die Gesichter der Fischer und Bauern fällt schwaches Licht. Besonders die Frauengesichter, in schwarze Kopftücher gehüllt, leuchten von innen. Maskenlos spiegeln sie Hingabe und Erwartung wider.

Nach Stunden wird das Osterlicht hereingetragen. Jeder entzündet seine Kerze. Und bis in alle Fasern des müden Körpers staunend miterlebt, jubelt es auf: »Gestern bin ich mit Christus begraben, heute bin ich mit ihm auferweckt.« Dann ziehen alle vor die Kirche. Das Mondlicht fällt über Berge und Meer. Es wird still: Mit der Osterkerze in der Hand, von lichttragenden Diakonen umstellt, singt der Pope das Osterevangelium: »Christus ist erstanden!« Jeder umarmt die um ihn Stehenden: »Laßt uns fröhlich einander umarmen und sagen: Bruder. Vergeben wir auch den Feinden um der Osterfreude willen! Die ganze sichtbare und unsichtbare Welt möge feiern und jubeln, denn ewig ist die Freude! Im unbeschreiblichen Licht der Auferstehung singt den Osterlobgesang!«

Ein erster Brief an einen jungen Menschen

Liebe Marianne! Es ist noch früh, aber der Morgen scheint mir die richtige Zeit für einen Brief an Dich. Gestern abend saßen wir im Kreis junger Menschen zusammen, mit denen Du gemeinsam lebst. Ihr spracht von Berufswahl, Ablösung aus dem Elternhaus, von Selbstfindung, von Partnerschaft und Ehe, vom Wunsch, Engagement und Freiheit zu erfahren – vielleicht in einem Entwicklungsland –, bevor euer Lebensweg festgelegt ist. Da brach es mit Leidenschaft aus Euch heraus: Warum sich Gedanken machen? Ist unser Leben nicht sinnlos angesichts der bedrohten Zukunft? Wir haben keine Hoffnung! Wir haben Angst! Eine formulierte es schärfer: Für mein kleines Leben kann ich die Ungewißheit zeitweilig vergessen. Aber wenn ich an die Gesamtsituation denke, habe ich keine Hoffnung! Ich fühle mich total ohnmächtig! Was kann ich als einzelne, gegen diese Lawine ausrichten? Wie kann ich mich noch freuen?

Schmerzlich ging mir Euer Fragen unter die Haut. Ja, die Zukunft ist für Eure Generation, die Ihr Euer Leben noch vor Euch habt, bedrohlicher als für unsere. Mir fiel ein Lied ein, das unserem Lebensgefühl einst Ausdruck gab: das Lied von der offenen, schönen, weiten Welt, von Sehnen und Hoffen: »Aufwärts blicken, vorwärts drängen, wir sind jung, und das ist schön!«

Was sollen wir Älteren antworten? Wir alle sind wie gelähmt! Menschsein ist ohne Hoffnung nicht möglich! Nur daraus erwächst Mut, jung zu sein, zu bleiben, ja zum Leben zu sagen! Erregt fragtet Ihr dagegen: Was soll uns das? Wie sollen wir auf eine offene Zukunft vertrauen? – Wäre das eine Antwort: Wir alle müssen gemeinsam die Wege dahin suchen! Zuerst ist es nötig, ja zu sagen zu dieser Zeit, in die wir gestellt sind, und geduldig und zäh nach kleinen konkreten Schritten zu suchen. Könnte uns das von Luther überlieferte Wort ein Wegweiser sein? »Und wenn morgen die Welt unterginge, so will ich doch heute mein Apfelbäumchen pflanzen!« Was heißt das? Es gilt das Heute, in ihm das Erfreuende entdecken. In den kleinen Dingen des Alltags – in den Gegebenheiten dieser Welt – erfinderisch und liebevoll die eigene Existenz und das Leben der mit uns Verbundenen lebenswert machen und nicht vom möglichen Schrecken gelähmt resignieren. Hier und da »Apfelbäumchen« pflanzen, mit Phantasie, Freude und in aller Freiheit. Aus solchem Leben kann Mut wachsen, sich auch für andere und mit ihnen zu engagieren im Heute – und Gott das Morgen anheimzugeben!

Während mancher Friedensveranstaltungen herrschte eine beglückende und beispielhafte mitmenschliche Wärme und eine fröhlich-spielerische Heiterkeit. Hier wurde versucht, auf Bedrohung mit dem Beispiel lebenswerten Lebens zu antworten. – Soviel für heute!

Zweiter Brief an einen jungen Menschen

Liebe Marianne! Gestern fragten wir, was Glaube in dieser Zeit bewirken kann; wo hat das Christentum die Welt verbessert, wo zeigt es sich als Kraft? Dabei forschten wir zurück bis zur Erfahrung der ersten Christen. Es war die Botschaft von der Auferstehung, die die antike Welt bewegte. Im Umbruch der Zeit, im Untergang des Römischen Reiches traf sie auf eine Situation ohne Hoffnung. Sie durchdrang die damalige Welt mit verwandelnder Kraft. Die Menschen lösten sich vom Sog der Resignation, sie gewannen Mut für die Zukunft und Kraft, die Gegenwart neu zu gestalten. Über die Jahrhunderte hinweg sind wir ihnen heute nah. Die Auferstehung, der Kern christlicher Botschaft, wird aktuell und erregend. Von neuem kann sich dies als notwendige Kraft erweisen, wenn es Christen gelingt, so zu leben, daß Hoffnung sichtbar wird.

Es gibt Beispiele gelebter Hoffnung. Kommt in diese schmerzlich erstarrte Wirklichkeit nicht ab und zu eine leise Bewegung, gleich wie sich Keime im Erdreich unter winterlicher Schneedecke regen? Gibt es in unserer Wirklichkeit nicht Zeichen einer anderen Dimension? Die Botschaft von der Auferstehung trifft zuerst den, der mit offenen Augen lebt. Sich dieser Betroffenheit heute nicht verweigern! Ja, Menschsein ist ohne Hoffnung nicht möglich.

Aus dem Vertrauen auf den Gott, der in der Auferstehung Jesu Christi das Zeichen »Hoffnung« setzt, kann auch bei uns heute Hoffnung auf eine offene Zukunft wachsen!

Ich möchte Dir den Bericht von einem Beispiel gelebter Hoffnung beifügen. Der Lagerarzt berichtet über das Sterben Dietrich Bonhoeffers: »Am Morgen des 9. 4., acht Tage nach Ostern, etwa zwischen 5 und 6 Uhr wurden die Gefangenen aus den Zellen geführt und die Urteile verlesen. Durch die halbgeöffnete Tür sah ich Pastor Bonhoeffer im Gebet knien. Die Art des Gebetes dieses Mannes hat mich auf das tiefste erschüttert. Auch an der Richtstätte verrichtete er noch ein kurzes Gebet und bestieg dann mutig und gefaßt die Treppe zum Galgen.«

Die letzten Worte, die von ihm berichtet sind, sagte er zu einem Mitgefangenen: »Das ist das Ende, für mich der Beginn.«

Christus befreit den Menschen

Wir bekennen im Glaubensbekenntnis: »Hinabgestiegen in das Reich des Todes.« Für den orthodoxen Christen wird darin sichtbar: Christus durchbricht die Grenze des Todes. In Adam, dem Menschen, greift er nach allen und entreißt sie der Hand des Todes und des Bösen.

Christus kommt, um den gefangenen Adam zu erlösen. Er faßt Adam bei der Hand, hebt ihn auf und spricht: »Wach auf, steh auf von den Toten! Ich habe dich nicht geschaffen, damit du im Gefängnis der Totenwelt festgehalten wirst. Ich bin das Leben der Toten. Steh auf, mein Geschöpf, nach meinem Abbild geschaffen. Erhebe dich, laß uns weggehen von hier! Du bist in mir und ich in dir. Für dich nahm ich, der Herr, deine Knechtsgestalt an. Für dich, den Menschen, bin ich Mensch geworden. Ich entschlief am Kreuz. Mein Schlaf wird dich aus dem Schlaf der Totenwelt herausführen. Deinetwegen ist es geschehen, um dir den Anhauch des Ursprungs wiederzugeben.«

EPIPHANIUS VON KONSTANTINOPEL, gest. 535

Jesus Christus überwindet das Böse, indem er es leidend und sterbend annimmt. In Christus ist die dunkle Wirklichkeit der Welt integriert, durch seine Liebe ist sie zur Potenz eines wahren, erfüllten Lebens verwandelt. Der an Christus Glaubende hat keine Möglichkeit mehr, irgend etwas in der Welt zu »verteufeln«. Er hat nur die Möglichkeit, das unbegreifliche, unableitbare, nie faßbare Böse in sich erlösen zu lassen; er hat keine Möglichkeit, idealistisch nur gut sein zu wollen, denn indem er sein Böses nicht annehmen will, verfällt er ihm.

RUDOLPH STÄHLIN

Tagebuchblätter: Ich bin getauft

28. Februar 1929. Das Dunkle der Außenwelt ist Folge meiner eigenen Dunkelheit...

5. März. Ich zweifle nicht mehr. Wunderbares Glück heute morgen. Ich habe zum erstenmal ganz klar Gnade erlebt. Diese Worte sind erschütternd, aber es ist so. Ich war überwältigt, und ich bin darin untergetaucht. Stammeln... Es ist wie eine Geburt. Alles ist neu. Ein völlig neues Bild erhebt sich. Das Bild einer Welt, die schon da war und die jetzt endlich herannaht.

7. März. Das Licht, das durchbrach, war für mich die Ausstrahlung jenes Lichtes, welches das Einzige ist. Fülle der Freude. – Ich habe gerade Brahms gespielt. Wie soll man dieses Gefühl der Überwältigung, der absoluten Geborgenheit zurückhalten!

8. März. Die Wirklichkeit als Mysterium und nur als Mysterium verstehbar. Ebenso auch ich selbst.

21. März. Ich habe eine schlimme und dunkle Zeit hinter mir. Ein Weg, der mit Hindernissen besät war.

23. März. Heute morgen bin ich in einer inneren Stimmung getauft worden, die ich kaum zu erhoffen wagte: Keinerlei Aufregung, aber ein Gefühl des Friedens, der Ausgeglichenheit, der Hoffnung und des Glaubens. Schwindelerregende Nähe Gottes. Zurück zum Hier und Jetzt, das einen Wert ohnegleichen erlangt.

12. April. Das Wunder des Christentums erscheint mir augenblicklich als absoluter Verjüngungspunkt – und vielleicht als ewige und ständige Quelle jeder möglichen Verjüngung.

Gabriel Marcel, Dichter und Philosoph (1889–1973)

Aus dem Lobgesang vor der Osterkerze

Frohlocket nun, ihr Engel! Es freue sich auch die Erde,
überstrahlt vom schimmernden Lichte,
sie spüre, wie aller Enden von ihr gewichen das Dunkel.
Wahrhaft, würdig und recht ist es, mit Inbrunst zu preisen
den unsichtbaren Gott und seinen Sohn, Jesus Christus.
Dies ist das Fest der Ostern,
da geopfert wird unser Opferlamm Christus.
Dies ist die Nacht, da du dein Volk aus der Knechtschaft
geführt, durchs Rote Meer sie geleitet hast.
Dies ist die Nacht, da du die Finsternis der Sünde
durch die Feuersäule erleuchtet hast.
Dies ist die Nacht, da Christus die Bande des Todes
zerrissen und aus der Hölle als Sieger emporstieg.
Was wäre es uns nütze, daß wir geboren sind,
wenn wir nicht erlöst und errettet wären?
O unfaßliche Huld deiner Liebe,
den Knecht zu erlösen, hast den Sohn du dahingegeben.
O selige Schuld des Adam,
die eines solchen Erlösers gewürdigt ward.
Dies ist die Nacht, von der geschrieben steht,
die Nacht wird leuchten wie der Tag,
und die Nacht muß Licht um mich sein.
Sie vertreibt den Frevel, bringt den Trauernden die Freude.
O wahrhaft selige Nacht,
wo mit dem Irdischen das Himmlische,
mit dem Menschlichen das Göttliche verbunden ward.
So bitten wir dich, o Herr, diese Kerze möge schauen
der wahre Morgenstern, der nimmer untergeht,
er, der wiedergekehrt aus der Hölle,
heiter leuchtet dem Menschengeschlechte.
So flehen wir zu dir, du wollest uns Frieden verleihen,
uns im Schutze dieser österlichen Freude erhalten
durch unsern Herrn Jesus Christus, deinen Sohn. Amen.

Was der alte Makarios erzählte

Es war vor Ostern. Früh am Morgen und noch dunkel. Da kamen einige Männer auf dem Weg zur Arbeit am Haus des Makarios vorbei. Sie sahen Licht. Da sie noch Zeit hatten, traten sie ein. Bedrückt begann einer: Makarios, wir müssen dich etwas fragen! Hat es noch Sinn zu arbeiten, für die Zukunft zu planen? Bei der Verfolgung, dem Krieg, den Erdbeben! Geht diese Welt nicht bald unter? Wir wollen Ostern feiern, mit Lichtern und Taufe. Aber wozu? Was ändert sich dadurch? Wir verstehen nicht!

Makarios nickte. Ostern! Auferstehung? Begreifen kann ich das auch nicht! Jesus von Nazareth, der mit uns über die Straßen Palästinas zog, der ist nicht im Tod geblieben. Er lebt! Das gilt uns. Durch die Taufe sind wir in sein Leben eingesenkt mit unserem Leben und Sterben. Nein, ich kann es nicht erklären, aber ich habe es erfahren, und das hat mein Leben verändert! Es war damals genauso unfaßlich. Wir hatten keine Hoffnung mehr, als Jesus am Kreuz starb. Wir gingen weg von Jerusalem, von allem, was an ihn erinnerte. Wir wollten in unserem gewöhnlichen Alltag alles vergessen. Petrus ging mit einigen von uns wieder zum Fischen. Wir fingen nichts. Unser ganzes Leben war wie ein vergeblicher Fischfang! Es war Nacht. Es war finster und kalt. In uns war alles erstorben. Die Wellen schlugen ins Boot. Wir hatten Angst vor jedem neuen Tag, vor dem, was kommen würde.

Da kam jener Morgen. Jener unvergeßliche Morgen! Ich sehe es noch vor mir: Wir sind auf dem dunklen See, in unseren kleinen Booten. Sie sind leer. Wir sind müde. Wir frieren. Wir sind leer vor Enttäuschung. Da, im ersten Licht steht einer am Ufer. Wir erkennen ihn nicht. Er spricht uns an. Seine Stimme klingt vertraut. Sie erfüllt uns mit Mut. Von neuem fahren wir hinaus zum Fischen. Voll unerklärlicher Hoffnung! Und es ist nicht vergeblich. Es ist ein großer Fang! Im Morgenlicht sehen wir eine Gestalt am Ufer: Ist das nicht Jesus? Dann ist nicht alles zu Ende! Er kommt in unsere Mühsal. Petrus, mein Freund, erkennt ihn. Er wirft sich ins Wasser, nur ihm entgegen! Er taucht unter mit allem Vergangenen, mit Verrat, Flucht, mit seiner Hoffnungslosigkeit. Das Wasser schlägt über ihm zusammen. So wie damals, als er über die Wellen gehen wollte und in ihnen versank. Da rief er: Herr, hilf mir! Und Christus ergriff ihn und holte ihn heraus! – Brüder, merkt ihr, fügte Makarios hinzu, das ist wie bei unserer Taufe: Wir werden untergetaucht ins Dunkel und herausgerissen ins Licht! Das Wasser ist Grab und Geburt.

Während Petrus ins Wasser springt, rudern wir ans Ufer. Über dem See geht die Sonne auf, ihre Strahlen spiegeln sich auf der weiten Wasserfläche. Am Ufer ist ein Feuer angezündet. Wir setzen uns. Wir sprechen den Segen. Wir brechen das Brot. Und das unbegreifliche Wunder rührt uns an: Er ist bei uns! Er lebt! Das Leben liegt vor uns – ganz neu!

So erzählte Makarios, dann schwieg er lange. Nach einer Weile wies er zur Tür: Brüder, seht hinaus! Drüben über den Bergen wird es wieder hell. So wie damals. Seit jenem Tag ist für mich jeder Morgen ein Ostermorgen! Das gilt uns allen, Brüder! An jedem Morgen steht der auferstandene Christus am Ufer meines Lebens.

Ein Loblied beim Anbruch des Tages

Nacht und Gewölk und Finsternis,
verworrnes Chaos dieser Welt,
entweicht und flieht! Das Licht erscheint,
der Tag erhebt sich: Christus naht.

Jäh reißt der Erde Dunkel auf,
durchstoßen von der Sonne Strahl,
der Farben Fülle kehrt zurück
im hellen Glanz des Taggestirns.

So soll, was in uns dunkel ist,
was schwer uns auf dem Herzen liegt,
aufbrechen unter deinem Licht
und dir sich öffnen, Herr und Gott.

Dich, Christus, kennen wir allein,
einfältig sucht dich unser Herz
mit Bitten und mit Lobgesang:
Du, Herr, sieh uns in Gnaden an!

Was in uns ist an falschem Schein,
das läutere in deinem Licht!
Du bist der wahre Morgenstern –
dein Antlitz strahle über uns!

Gott Vater, dir sei Herrlichkeit
und deinem eingebornen Sohn,
dem Geiste, der uns Beistand ist,
jetzt, immer und in Ewigkeit! Amen.

CLEMENS PRUDENTIUS (348–405)

Ich erhebe mich heute in gewaltiger Kraft

Ich erhebe mich heute in gewaltiger Kraft.
In Anrufung der heiligsten Dreifaltigkeit.
Kraft der Geburt Christi und seiner Taufe,
kraft seiner Kreuzigung und Grablegung,
kraft seiner Auferstehung und Himmelfahrt,
kraft seiner Wiederkunft zum Jüngsten Gericht.
Ich erhebe mich heute,
verbunden mit der Liebe der Cherubim,
den Gebeten der Patriarchen und Märtyrer.
Ich erhebe mich heute
inmitten der Kräfte des Himmels und der Erde,
im Lichte der Sonne und dem Glanz des Mondes.
Im Brausen der Stürme und im Fluten der Meere,
unter mir die Feste der Erde,
vor mir die Härte der Felsen!
Ich weihe mich heute Gottes mächtiger Führung,
Gottes wachendem Auge, Gottes lauschendem Ohr,
Gottes schützenden Händen, Gottes fürsprechendem Wort,
Gottes offenen Wegen, Gottes bergendem Schild.
Er schirme mich vor den Fallstricken des Bösen,
gegen die Versuchungen des Geistes und Leibes,
gegen alle, die mir schaden wollen.
Christus sei mit mir, Christus sei vor mir,
Christus sei in mir, Christus sei unter mir,
Christus sei über mir, er die Kraft, er der Friede!
Christus sei, wo ich liege, Christus sei, wo ich stehe,
er sei im Munde eines jeden, der mit mir spricht,
er sei im Auge eines jeden, der auf mich sieht,
er sei im Ohr eines jeden, der auf mich hört,
Christus, mein Herr, Christus, mein Erlöser!
Ich erhebe mich heute in gewaltiger Kraft,
in Anrufung der heiligsten Dreifaltigkeit.

PATRICK, APOSTEL VON IRLAND (gest. 461)

Nachwort und Quellennachweise

In jedem der vierundzwanzig Kapitel dieses Buches stehen unter der Überschrift »Was der alte Makarios erzählte« erdachte Geschichten, die eine Brücke schlagen wollen zwischen den Fragen unserer Zeit und den noch immer aktuellen Aussagen der christlichen Überlieferung aus früher Zeit; sie wollen zugleich etwas von der geistigen Atmosphäre der Jahre 90 bis 100 nach Christus lebendig werden lassen. Diese kurzen Erzählungen dürfen nicht mit der Prägnanz der alten Väter- oder Rabbi-Geschichten verglichen werden, doch sind sie entstanden aus intensiver Beschäftigung mit Texten der Bibel, der frühen Kirchengeschichte und der heutigen Theologie. Dabei hat mir das Buch von Edward Schillebeeckx »Jesus – Die Geschichte von einem Lebenden« (Herder Verlag, Freiburg 1975) besonders geholfen. Schillebeeckx schreibt: »Das betende Vatererlebnis Jesu ist offensichtlich die Quelle der Eigenart der Botschaft Jesu. An diesen Gott glauben heißt, auf jemanden sein Vertrauen setzen... Jesu Tod, der seine Heilsgewißheit nicht zum Wanken brachte, ist für uns die herausfordernde Botschaft: Was auch geschehe, vertraut weiter auf Gott.«

Aber nicht nur diesem Buch und mancher anderen Literatur verdankt die Autorin des vorliegenden Bandes viel. Es sei an dieser Stelle auch ein herzlicher Dank gesagt für viele vertraute Gespräche, aus denen Anregungen und Hinweise zur inhaltlichen und formalen Gestaltung von »Zu jeder Stunde« gekommen sind; Dank also für »gute Freunde und getreue Nachbarn«, die das Entstehen des Manuskripts selbstlos, mit Verständnis und kritischem Rat begleitet haben, Dank auch an Schwester Emmi Busch, Frau Rosemarie Rohr und Schwester Irene Laube für alle Hilfe beim Schreiben, Formulieren und Korrigieren, nicht zuletzt Dank Herrn Helmut Weigel vom Kreuz Verlag für seine einfühlsame Ermutigung.

Der Leser findet in jedem Kapitel Zitate aus den Kirchenvätern. Der Charakter des Buches läßt es zweifellos zu, auf einen wissenschaftlichen Quellennachweis für diese Texte zu verzichten. Es sei nur allgemein hingewiesen auf folgende Werke, denen ich nicht wenig verdanke: 1. »Texte der Kirchenväter – Eine Auswahl nach Themen geordnet«, herausgegeben von Alfons Heilmann und Heinrich Kraft, Kösel Verlag, München 1963 – 1966; 2. »Monastisches Lektionar«, Eos-Verlag, Erzabtei St. Ottilien 1981; 3. »Bibliothek der Kirchenväter«, Kösel Verlag, München 1912 ff. Zur altkirchlichen Lichtfeier vergleiche man: Franz Dölger »Lumen Christis« in: »Christentum und Antike«, 1936. Hymnentexte sind in erster Linie zu finden in »Antiphonale«, Kloster Münsterschwarzach, Herder Verlag 1981 und in »Monastisches Stundenbuch«, Eos-Verlag, Erzabtei St. Ottilien 1981; siehe dazu auch: Aemiliana Löhr OSB »Abend und Morgen – ein Tag«, Verlag Friedrich Pustet, Regensburg.

Zitate aus neuerer Zeit werden im folgenden Verzeichnis, das alphabetisch nach Autoren geordnet ist (Seitenangaben in Klammern beziehen sich auf den vorliegenden Band), bibliographisch nachgewiesen. In einigen wenigen Fällen war es trotz intensiven Nachforschens nicht möglich, die Herkunft des – in der Regel sehr kurzen – Zitats ausfindig zu machen. Allen Autoren und Verlagen, die die Abdruckserlaubnis für dieses Buch freundlicherweise erteilt haben, sei an dieser Stelle herzlich gedankt.

Ausländer, Rose (Seite 181)
aus: »Gesammelte Gedichte«, S. Fischer Verlag, Frankfurt
Betz, Otto und Felicitas (Seite 86)
aus: »Tastende Gebete. Texte zur Ortsbestimmung«,
Verlag J. Pfeiffer, München
Bonhoeffer, Dietrich (Seite 32, 155)
aus: »Gemeinsames Leben«, Chr. Kaiser Verlag, München
Bonhoeffer, Dietrich (Seite 137, 181, 214)
aus: »Widerstand und Ergebung. Briefe und
Aufzeichnungen aus der Haft«,
Chr. Kaiser Verlag, München
Brecht, Bertolt (Seite 181)
aus: »Liebesgedichte«, Auswahl von Elisabeth Hauptmann,
Insel-Bücherei 852, Insel-Verlag, Frankfurt/M.

Buber, Martin (Seite 221)
aus: »Der Weg des Menschen nach der chassidischen Lehre«,
Verlag Lambert Schneider, Heidelberg
Camara, Helder (Seite 234, 235)
aus: »Mach aus uns einen Regenbogen«,
aus dem Französischen übersetzt
von Alfred Kuoni, Pendo-Verlag, Zürich
Claudius, Hermann (Seite 195)
aus: »Jubiläumsausgabe in 2 Bänden«,
Rudolf Schneider Verlag, München
Frostensson, Anders (Seite 155)
Alle Rechte beim Burckhardthaus-Laetare Verlag,
Gelnhausen
Hampe, Johann Christoph (Seite 127)
Alle Rechte beim Autor
Jentzsch, Martin (Seite 95)
Alle Rechte beim Bärenreiter-Verlag, Kassel
Kästner, Erhart (Seite 245)
aus: »Das Zeltbuch von Tumilad«,
Suhrkamp-Verlag, Frankfurt/M.
Kasack, Hermann (Seite 18,19)
aus: »Der Webstuhl/Das Birkenwäldchen«,
Reclam-Verlag, Ditzingen,
Copyright: Suhrkamp-Verlag, Frankfurt/M.
Kramp, Willy (Seite 121)
Alle Rechte beim Autor
Kramp, Willy (Seite 169)
aus: »Die Welt des Gesprächs«, Arche-Verlag, Zürich
Der zitierte Text wurde für vorliegendes Buch stark gekürzt
Laube, Irene (Seite 250)
Alle Rechte bei der Autorin
Marcel, Gabriel (Seite 270)
aus: »Sein und Haben«, aus dem Französischen übersetzt
von Ernst Behler, Verlag Ferdinand Schöningh, Paderborn
Marti, Kurt (Seite 134)
aus: »Meergedichte/Alpengedichte«,
Wolfgang Fietkau Verlag, Berlin
Meerfeld, Gitta (Seite 250)
Alle Rechte bei der Autorin
Peitz, Marietta (Seite 136)
aus: »Grün, wie lieb ich dich grün. Gartengedanken«,
Radius-Verlag, Stuttgart

Rilke, Rainer Maria (Seite 169, 174)
aus: »Gesammelte Werke«, Insel-Verlag, Frankfurt/M.
Ritter, Christiane (Seite 8, 9)
aus: »Eine Frau erlebt die Polarnacht«,
Ullstein-Taschenbuch-Verlag, Berlin
Schäfer, Oda (Seite 71)
aus: »Grasmelodie«, R. Piper & Co. Verlag, München
Stegmann, Hildegard (Seite 188, 189)
Alle Rechte bei der Autorin
Tillich Paul (Seite 110)
aus: »Die neue Wirklichkeit«,
Copyright: Evangelisches Verlagswerk, Frankfurt/M.
Tillich, Paul (Seite 260)
aus: »Der Mut zum Sein«,
Steingrüben-Verlag, Stuttgart
Tödt, Heinz Eduard (Seite 161)
aus: J. Schlemmer (Hrsg.) »Zukunft in Bescheidenheit.
Über die Alternativen, die wir noch haben«,
Ullstein-Taschenbuch-Verlag, Berlin
Vinay, Tullio (Seite 150, 151)
aus: »Riesi. Geschichte eines christlichen Abenteuers«,
Kreuz Verlag, Stuttgart
Wiechert, Ernst (Seite 70)
aus: »Wälder und Menschen«,
Albert Langen & Georg Müller Verlag, München
Wiemer, Rudolf Otto (Seite 255)
Mit Genehmigung des Autors
aus: »Ernstfall · Gedichte«, J. F. Steinkopf-Verlag, Stuttgart
Wolfskehl, Karl (Seite 247)
aus: »Gesammelte Werke«, Claassen Verlag, Düsseldorf

Bildnachweis

Das farbige Bild des schwingenden Pendels auf dem Einband des vorliegenden Buches fotografierte Hartmut Noeller. Die Illustrationen zu Beginn der einzelnen Kapitel wurden gestaltet unter Verwendung von Aufnahmen, die die folgenden Fotografen beziehungsweise Foto-Agenturen freundlicherweise zur Verfügung stellten: dpa (Seite 156); Dumler-Anthony (Seite 2); Fesseler/present (Seite 100); Tim Hazael (Seite 88); Werner Heidt (Seite 228); Robert Holder (Seite 56); Hans Hug (Seite 34, 44, 122); Fritz Kehrer (Seite 112); Hans Meyer-Veden (Seite 262); Wilhelm Mierendorf (Seite 202); Horst Munzig (Seite 190); Lisbeth Philipp (Seite 78); Werner Stuhler (Seite 166); Horst Wöbbeking (Seite 132); Dr. Wolff & Tritschler (Seite 144); Richard Zeller (Seite 216, 252).

Laß uns gemeinsam gehen
Ein Wegbegleiter an den Grenzen unseres Lebens
Herausgegeben von der Westfälischen Diakonissenanstalt
Sarepta
in Verbindung mit der Hauptgeschäftsstelle des Diakoni-
schen Werkes der Evangelischen Kirche in Deutschland
271 Seiten, gebunden

An den Grenzen unseres Lebens, bei Krankheit und Behin-
derung, im Alter und im Sterben, kann die Kraft des Evangeliums in besonderer Weise wirksam werden. Dazu trägt
auch die Gemeinsamkeit des Glaubens bei. Wer Gebrech-
lichkeit und Todesnähe erfährt und wer Menschen in Stunden der Anfechtung und Angst tröstend und helfend zur
Seite stehen will, findet in diesem Buch eine Fülle von
Gedanken, Gebeten und meditativen Texten für sehr kon-
krete Situationen. Enststanden aus der Praxis diakonischer
und seelsorglicher Arbeit, bietet dieser Band vielfältige Hilfen für den Umgang mit Kranken, Schwachen und deren
Angehörigen. »Laß uns gemeinsam gehen« – das heißt, sich
aufmachen zu dem, der die Hoffnung des christlichen Glaubens begründet.

»Beim Durchblättern dieses Andachtsbuches wird dem Leser die große Vielfalt des dargebotenen Materials auffallen.
Neben Bibelworten, Andachten, Gebeten und Gesangbuch-
versen gibt es viele Texte, die als Gesprächshilfe gedacht
sind, die Fragen beantworten oder auslösen wollen. Es finden sich auch Aussagen, die Anregungen zu einem selbstge-
formten Zuspruch oder einem freien Gebet geben. Denn
dazu möchte das Buch Mut machen – den persönlichen
Zuspruch und das Gespräch wagen.«
Monatsgruß

Kreuz Verlag

Hans Graf von Lehndorff
Lebensdank
286 Seiten, gebunden mit Schutzumschlag

»Der Christ schöpft seine Weisheit nicht aus sich selbst, sondern aus dem Buch, das ihm zum Leben gegeben worden ist, nämlich aus der Bibel.« Mit diesem Satz hat Hans Graf von Lehndorff deutlich gemacht, worum es ihm in diesem Buch geht: An über *100* Texten aus dem Alten und Neuen Testament zeigt er, was es heißt, das Leben dankbar aus der Hand Gottes zu empfangen. In seiner schlichten, aber lebensnahen Sprache erschließt er uns Kerntexte der Bibel und lädt den Leser ein, sich dadurch die Richtung zeigen zu lassen, die es einzuschlagen gilt, wenn wir Menschen werden wollen, »die wissen, was es bedeutet, Christus anzugehören und seine Mitarbeiter zu sein.«

Willy Grüninger/Ernst Brandes (Hrsg.)
Atempausen
Gedanken für jeden Tag des Jahres
389 Seiten, gebunden mit Schutzumschlag

»Die Atempausen verhelfen zum Innehalten und zur Andacht, aber sie sind kein Andachtsbuch im üblichen Sinne. Für jeden Tag des Jahres sind jeweils drei Worte ausgewählt, die zueinander in enger Beziehung stehen: das Wort eines Denkers, ein Gedicht, ein Wort der Heiligen Schrift. Was die Herausgeber hier zusammengetragen haben, gehört mit zum wertvollsten Gedankengut der Menschheit. Das Buch ist eine Fundgrube für jeden, der in dieser verunsicherten und schnellebigen Welt nach dem Beständigen und Hilfreichen sucht.«
Für Arbeit und Besinnung

Kreuz Verlag